21世纪经济管理新形态教材·金融学系列

U0365869

金融计算与量化投资
——MATLAB金融工具箱的应用

李合龙　胡云鹤
袁宜晨　杨苏鹏　◎ 编　著

清华大学出版社
北　京

内 容 简 介

本书对 MATLAB R2020a 软件进行了全面、系统的介绍。

全书共 9 章。第 1～5 章主要介绍 MATLAB 的基础知识，包括 MATLAB 的发展历史、数据读写操作、数据处理、编程和数据可视化处理等；第 6～7 章详细地介绍了 MATLAB 在金融数据统计分析和金融计量模型方面的应用，丰富了以 MATLAB 为工具的金融计量实证的范例；第 8 章对金融领域常用的风险管理方法和实例进行了讲解；第 9 章则将机器学习和深度学习算法与金融数据处理相结合，并为每个算法设计了一个对应的金融数据处理案例。

本书内容丰富，具有很强的实用性，适合 MATLAB 初学者使用。

图书在版编目(CIP)数据

金融计算与量化投资：MATLAB 金融工具箱的应用/李合龙等编著.—北京：清华大学出版社，2022.3(2025.1重印)

21 世纪经济管理新形态教材.金融学系列

ISBN 978-7-302-59782-7

Ⅰ.①金… Ⅱ.①李… Ⅲ.①Matlab 软件－应用－金融－计算方法－高等学校－教材 Ⅳ.①F830.49

中国版本图书馆 CIP 数据核字(2022)第 001908 号

责任编辑： 贺 岩
封面设计： 汉风唐韵
责任校对： 宋玉莲
责任印制： 宋 林

出版发行： 清华大学出版社
     网 址： https://www.tup.com.cn, https://www.wqxuetang.com
     地 址： 北京清华大学学研大厦 A 座   **邮 编：** 100084
     社 总 机： 010-83470000   **邮 购：** 010-62786544
     投稿与读者服务： 010-62776969, c-service@tup.tsinghua.edu.cn
     质量反馈： 010-62772015, zhiliang@tup.tsinghua.edu.cn
印 装 者： 三河市君旺印务有限公司
经 销： 全国新华书店
开 本： 185mm×260mm   **印 张：** 14.75   **字 数：** 331 千字
版 次： 2022 年 3 月第 1 版   **印 次：** 2025 年 1 月第 2 次印刷
定 价： 55.00 元

产品编号：094472-01

前　言

随着大数据以及计算机科学技术的发展和金融计算与量化投资的火热，经济金融领域对数据分析的要求越来越高，MATLAB 作为数据处理和科学计算的工具其应用也越来越多，编写一本以 MATLAB 为编程语言的适合入门的量化投资教材是有必要的。

国内出版的与金融计算与量化投资相关的 MATLAB 教材及参考书，对 MATLAB 相关基础知识和操作进行了详细的讲解，对于专业部分的金融计算和量化投资部分进行了深入的讲解。但对于经管类等编程基础较为薄弱的社科专业的本科生及研究生来说还是晦涩难懂、学习难度较大。而对于对量化投资感兴趣的其他专业学生来说，其中涉及的金融知识又比较陌生。

本书以上述问题和需求为出发点，使用较新的 MATLAB R2020a 为教材代码及实例编写工具，以金融数据为切入点，详细讲解了 MATLAB 的基础操作及编程方法。对金融数据相关的基础处理方法，例如数据的导入、导出及可视化方面进行了丰富的实例操作及讲解。在此基础上，本书还将金融数据统计分析方法和常用金融计量模型进行了实现及实例讲解，丰富了以 MATLAB 为工具的金融计量实证的范例，可供读者学习和运用。此外，本书还就经济、金融领域常用的风险管理方法，例如，VaR 和 CVaR 等方法和实例进行了讲解。在最后一章，将金融数据处理中常用的机器学习和深度学习算法进行了实现，并对每个算法设计了一个金融数据处理的案例。本书的代码部分采用 MATLAB 实时编辑器完成，读者成功安装相应版本后，参考源代码可直接进行操作。

本书可以作为金融计算及量化投资学习、MATLAB 及相关课程的教学参考书，适用于经济、金融和管理类等专业的本科生及研究生。同样适用于对金融计算和量化投资感兴趣的其他专业学生及相关从业人员。

胡云鹤编写了第 1 章至第 5 章，袁宜晨编写了第 6 章、第 7 章，杨苏鹏编写了第 8 章、第 9 章，李合龙修订了全部章节，并校对了全部章节和习题。在本书的编写过程中，华南理工大学"金融工程研究中心教学科研团队"的多位教师也提出了许多的宝贵意见，华南理工大学教务处精品课程建设基金给予了大力支持，在此向他们表示衷心的感谢。由于作者水平有限，书中难免会存在错误，因此，热忱地欢迎广大读者批评指正。

李合龙

2021 年 9 月

目 录

第 1 章

MATLAB 简介

　　MATLAB＝matrix＋laboratory,即"矩阵实验室",顾名思义,MATLAB 与矩阵运算有着紧密的联系。实际上,MATLAB 被设计的初衷就是专门解决矩阵运算的难题。随着时代的发展,现在的 MATLAB 已经成为一款性能强大的多功能集成软件,可同时执行数值运算、数据可视化、图形页面设计、程序设计、仿真等基本功能。经过三十余年的发展,MATLAB 已经成为目前世界上最为热门的商业数学软件之一,广泛应用于数据分析、深度学习、图像处理、风险管理与量化金融、控制系统等领域。MATLAB 使得许多金融从业人员进行算法研究、模型构造、组合管理等工作的效率得到大大提升。

　　本章主要介绍 MATLAB 的发展历史、MATLAB 的版本进展、MATLAB R2020a 的版本特性、MATLAB 的特点、MATLAB 相较 Python 的优势以及下载方式等方面内容。同时为了让读者简单明了地熟悉 MATLAB 的整个框架体系及编程逻辑,我们将在本章末尾通过GUI(图形用户界面)实例,为读者展示 MATLAB 的实际应用。学习思路导图如图 1-1 所示。

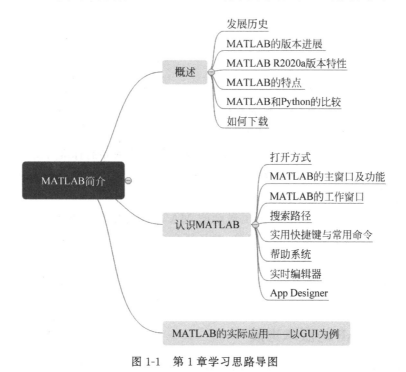

图 1-1　第 1 章学习思路导图

1.1 概　　述

1.1.1　发展历史

1. MATLAB 的诞生

20 世纪 70 年代中期,在美国国家科学基金的资助下,美国新墨西哥大学的计算机科学系主任 Cleve Moler 与其同事开发了调用 EISPACK 和 LINPACK 的 FORTRAN 子程序库。EISPACK 是特征值求解的程序库,LINPACK 是解线性方程的程序库。在当时,这两个程序库代表了世界上矩阵运算的最高水平。

到了 70 年代后期,Cleve Moler 在给学生讲授课程时,想教学生使用上述两个程序库,但他发现学生在编写接口程序上花费了大量的时间,为了减轻学生的负担,他编写了供学生使用的 FORTRAN 子程序库接口程序,这就是第一代的 MATLAB。在之后的数年里,MATLAB 一直在大学里作为辅助软件,免费面向学生使用,得到了学生的广泛好评。

2. MATLAB 的商业化

工程师 John Little 对 Cleve Moler 编写的 MATLAB 程序十分着迷,并敏锐地察觉到了 MATLAB 在工程领域的广阔前景。于是 1983 年,他和 Cleve Moler、Steve Bangert 一起开发编译了第二代的 MATLAB,并于 1984 年成立了 MathWorks 公司,正式向市场推出用 C 语言编写的 MATLAB 的第一个商业版本(即 DOS 版本 3.0)。之后他们继续进行 MATLAB 的开发,为它添加了图形图像、符号运算等功能,使得 MATLAB 的功能更加强大。

在 MATLAB 推向市场后短短几年,由于 MATLAB 具有良好的开放性和优异的可靠性,当时世界上其他控制领域里的封闭式软件包(如英国的 UMIST、德国的 KEDDC 等)纷纷被淘汰,转而以 MATLAB 为平台进行重建。

到了 20 世纪 90 年代初期,MATLAB 已成为国际控制界的标准计算软件。美国和欧洲的各大学将 MATLAB 正式列入本科生和研究生的教学计划。至此,MATLAB 已经成为学生和工程师们常用的基本软件之一。

时至今日,MATLAB 已经推出了最新的 MATLAB R2021a 版本。如今 MATLAB 的大多数功能来自专业化应用的工具箱,并且每个迭代的版本都在不断完善原来的功能及增加新的工具箱。

有兴趣的读者可以在浏览器中输入下面这个网址,进一步了解 MATLAB 的发展历程。
https://ww2.mathworks.cn/company/newsletters/articles/a-brief-history-of-MATLAB.html

1.1.2　MATLAB 的版本进展

目前 MATLAB 正处于高速发展的进程中。按照惯例,MATLAB 每年会发布两个版本,通常是在 3 月份发布 a 版,在 9 月份发布 b 版,后者只是在少许内容上有所更新,两者并没有本质上的区别。MATLAB 各版本更新时间及相关内容见表 1-1。

表 1-1　MATLAB 各版本更新时间及相关内容

更新时间	更新版本号	主要更新内容
1984	MATLAB 1.0	MATLAB 的第一个版本。
1993	MATLAB 4.0	具有划时代意义的 MATLAB Windows 版本,从此告别 DOS 版本,开启崭新的时代。
1994	MATLAB 4.2	扩充了 4.0 版本的功能,在图形界面设计方面提供了新的方法。
1997	MATLAB 5.0	允许了更多的数据结构,如单元数据、多维矩阵、对象与类等,使其成为一种更加方便编程的语言。
1999	MATLAB 5.3	在许多方面进一步地改进了 MATLAB 语言的功能。
2000	MATLAB 6.0	在核心数值算法、界面设计、外部接口、应用桌面等诸多方面进行了极大的改进。此时的 MATLAB 再也不是一个简单的矩阵实验室了,它已经演变成为一种具有广泛应用前景的计算机高级编程语言,为科研需求提供更加强大的功能。
2004	MATLAB 7.0	随着 MATLAB 7.0 的商业化以及软件本身的不断升级,MATLAB 7.0 的用户界面也越来越精致,更加接近 Windows 的标准界面,人机交互性更强,操作更简单。而且新版本的 MATLAB 7.0 提供了完整的联机查询、帮助系统,极大地方便了用户的使用。
2006	MATLAB R2006b	从这时开始,MathWorks 公司每年将发布两次新的产品,每一次发布都会包含所有的产品模块。在 R2006 中,MATLAB 主要更新了 10 个产品模块,增加了多达 350 个新特性,增加了对 64 位 Windows 系统的支持,并新推出了.NET 工具箱。
2010	MATLAB R2010a	增加更多多线程数学函数,增强文件共享、路径管理功能,改进 MATLAB 桌面; 新增用于 MATLAB 进行流处理的系统对象,并在 Video and Image Processing Block 和 Signal Processing Blockset 中提供超过 140 种支持算法; 针对 50 多个函数提供多核支持并增强性能,并对图像处理工具箱中的大型图像提供更多支持。
2015	MATLAB R2015a	新版 MATLAB 和 Simulink,包括 Simulink 多项新增图形控制与显示功能; 四个新产品:Antenna Toolbox,Robotics System Toolbox,Simulink Test, and Vision HDL Toolbox; 79 种其他产品更新。
2018	MATLAB R2018a	多种产品更新,例如深度学习:使用 Deep Network Designer 应用程序编辑网络,使用网络分析器实现可视化,自动进行视频标注,将模型导出到 ONNX,并部署到 NVIDIA、Intel 和 ARM 处理器。

注意事项:

(1) MATLAB 的版本是不向下兼容的! 这意味着旧版本的 MATLAB 很可能打不开新版本的 MATLAB 文件。举个例子,使用 MATLAB R2020a 中的 App Designer 所保存的文件在 2010 年的 MATLAB 版本中就无法打开,因为 2010 年的 MATLAB 版本没有 App Designer 功能。因此,出于兼容性考虑,本书建议读者安装最新版的 MATLAB 进行学习并使用。

(2)理论上 MATLAB 的版本越高,其对电脑配置的要求也越高。

(3)本书是基于 MATLAB R2020a 版本编写的。因此在后面的章节叙述中,如无特别提醒,本书将自动省略实例中所使用的 MATLAB 的版本号。

1.1.3 MATLAB R2020a 版本特性

如前文所述,MATLAB 每推出一个新版本,功能都会越来越强大。

在 MATLAB R2020a 中,其不仅更新了许多产品模块,还增强了实时编辑器、表格、日期时间和其他功能。同时,自动化的上下文提示可以大大提升编程的效率,并且将结果与可视化内容和您的代码一起显示。在运行性能方面,MATLAB 运行代码的速度几乎是两年前的两倍。不仅如此,App Designer、数据导入导出、软件开发及数据分析等功能都愈加完善。具体更新参见表 1-2。

表 1-2　MATLAB R2020a 具体更新

文件编码	将 MATLAB 代码文件和其他纯文本文件默认保存为 UTF-8 编码的文件。
图形	boxchart:创建箱线图以可视化分组的数值数据。tiledlayout 函数:定位、嵌套和更改布局的网格大小。ChartContainer 类:制作图表以平铺显示笛卡尔、极坐标或地理图。
实时编辑器任务	交互式重新设定时间轴同步时间表,以及堆栈或非堆栈表变量。
Financial Instruments Toolbox	定价和估值:使用新的面向对象框架,对不同类型的金融工具分别或作为投资组合进行定价。
Optimization Toolbox	代码生成:生成 C/C++ 代码以使用 quadprog 求解二次规划问题(需要 MATLABCoder)。
OPC Toolbox	OPC UA 安全:通过安全连接来连接到 OPC UA 服务器并配置安全设置。
Predictive Maintenance Toolbox	Diagnostic Feature Designer 应用程序:从应用程序到自动执行信号处理、特征提取和特征排序任务整个过程生成 MATLAB 代码。
Symbolic Math Toolbox	实时编辑器任务:交互式求解方程式,简化符号表达式,并在实时脚本中生成 MATLAB 代码。
MATLAB Web App Server	新产品,可将 MATLAB 应用程序和 Simulink 仿真作为基于浏览器的 Web 应用程序共享。
Statistics and Machine Learning	自动机器学习(AutoML):自动选择最佳模型和相关超参数(fitcauto)以进行分类。
Text Analytics Toolbox	文档摘要:从文本中提取摘要。

1.1.4 MATLAB 的特点

1. 写代码易,编写脚本快

用户可以在 MATLAB 中使用 M 语言编写脚本文件或者自定义函数,满足用户的需要。此外,与 C 语言等高级语言相比,M 语言的语法十分简单,方便初学者学习和使用。

2．工具箱多,应用学科广

MATLAB 的工具箱主要有两类:功能性工具箱和学科性工具箱。顾名思义,功能性工具箱主要用来扩充 MATLAB 的计算、建模等功能,使其更加强大。而学科性工具箱则经常用于学科专业计算,专业性很强,如控制、统计、计量、金融衍生产品、信号处理、金融、管理科学等各类常用的工具箱等。用户可以直接使用工具箱而不需要自己编写代码。这些工具箱可直接用于各学科领域的学习,也可直接用于解决应用领域内特定类型的问题。

3．命令窗简,编程效率高

MATLAB 可在输入一条命令后马上运行得到结果,无须像其他高级语言如 C 语言等,写完源程序的代码后还要进行编译等操作才能出结果。此外,MATLAB 的用户界面越来越精致,更加接近 Windows 的标准界面,人机交互性大大增强,操作也越来越容易。

4．可视化强,绘图功能全

MATLAB 软件具有十分强大的数据可视化以及图形化功能,通过使用 MATLAB 自带的绘图函数,初学者也可以很轻松地绘制出各种复杂的二维图形、三维图形等,并给图形添加标注、标题、坐标轴等。数学建模等比赛都对数据可视化有一定要求,相信读者阅读此书后可以轻松掌握使用 MATLAB 绘图技巧,取得好成绩!

5．交互性好,图形界面美

用户可以利用图形化的工具创建图形用户界面开发环境(GUIde),简称 GUI,通过加入多种界面元素,如按钮(Push Button)、单选按钮(Radio Button)、文本编辑框(Edit Box)等组件,辅以界面外观、属性、行为响应等设置方式,用户可以很方便地和计算机进行交互。

1.1.5　MATLAB 和 Python 的比较

MATLAB 是科学工程领域必不可少的工具,Python 是当下最流行的编程语言之一,两者性能不分伯仲、特性各有千秋。二者的区别主要体现在以下三点。

1．服务

在 MATLAB 中,如果遇到使用问题,您可以选择通过发送请求帮助,获取专门技术团队的优质服务,而使用 Python 仍需要开发者自行 debug,无法享受到如此贴心的服务。

2．定位

MATLAB 一开始就是专门为数值计算开发的,计算功能强大,在数值计算领域拥有丰富的工具箱,并且有大量参考书以及官方社区介绍这方面的应用信息。Python 作为一门可读性较高的高级编程语言,目前在这方面尚未达到同等层次。

3．工具

MATLAB 安装的时候自带了许多实用的工具包，操作简单且安装便捷，因此 MATLAB 十分适合研究人员用于建立模型开发工程，可以有效缩短研究时间。Python 则不具备这样的条件，需额外安装第三方库获取函数进行代码编写，操作较为麻烦。

1.1.6 下载方式

随着 MATLAB 的发展，MATLAB 的安装包的体积也越来越大。许多读者都对如何下载 MATLAB 有所困惑，在此我们推荐读者进入下方的官方网站进行下载：

https://ww2.mathworks.cn/campaigns/products/trials.html

网站页面如图 1-2 所示。

图 1-2   MATLAB 官方下载网站

1.2 认识 MATLAB

下面以 WIN10 操作系统、MATLAB R2020a 为例进行介绍。

1.2.1 打开方法

（1）打开 MATLAB 所在文件夹，双击 MATLAB.exe。

（2）双击 MATLAB.exe 后，则会弹出如图 1-3 所示的界面。若 MATLAB 在图 1-3 这个界面"卡"住一段时间，请不要慌张，因为 MATLAB 占用内存较多，初次加载耗时比较长属于正常情况。但是如果加载时间过长（超过 5 分钟以上），则建议提升电脑配置以获取更好的使用体验。

（3）图 1-4 即为正常页面。

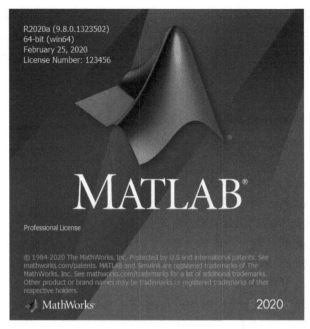

图 1-3　MATLAB 打开界面

图 1-4　MATLAB 打开界面

1.2.2　MATLAB 的主窗口及功能

在本节中,对主窗口的每一个选项都进行了简单的说明。

在图 1-5 中,框住了一些按钮,它们是开发者使用 MATLAB 时的常用工具,建议初学者尝试单击一下它们,感受一下使用操作,我们将会在后面的章节中对它们的具体功能进行详细说明。

图 1-5　MATLAB 的选项卡

按照从左往右的顺序,依次对它们进行说明。

1. 文件区

MATLAB 的文件区如图 1-6 所示。

（1）新建脚本：脚本是最简单的程序文件类型,它们可用于自动执行一系列 MATLAB 命令,例如必须从命令行重复执行的计算或必须引用的一系列命令。

（2）新建实时脚本：在实时脚本中,可以编写代码,并使用生成代码的代码查看生成的输出和图形。添加格式化的文本、图像、超链接和方程式,以创建可以与他人共享的交互式叙述。

图 1-6　MATLAB 的文件区

（3）新建：可以新建各种类型的程序文件,开始编辑。

（4）打开：可以打开想要的程序文件,开始编辑。

（5）查找文件：基于名称或内容搜索文件。

（6）比较：比较任意两个文件的内容,找出差异。

2. 变量区

（1）导入数据：可以将数据文件里面的数据导入 MATLAB 中。

（2）保存工作区：保存当前工作区的变量。

（3）新建变量：创建并打开工作变量进行编辑。

（4）打开变量：打开工作区变量进行编辑。

（5）清空工作区：清空当前工作区的变量。

3. 代码区

（1）收藏夹：可以利用收藏夹功能将这某些命令作为一个小脚本程序,直接放在工具栏,方便以后的调用。

（2）分析代码：分析当前文件夹中的 MATLAB 代码文件,查找效率低下的编码和潜在的错误。

（3）运行并计时：运行代码和配置文件以提高性能。

（4）清除命令：等同于 clc 命令,清除命令行窗口所有显示内容。

4．环境区

（1）布局：调整桌面布局。

（2）预设：指定预设项，可以修改 MATLAB 页面文字大小、字体等。

（3）设置路径：更改 MATLAB 搜索路径。

（4）Parallel：MATLAB 并行运算选项。

（5）附加功能：获取包括硬件支持在内的附加功能。

5．资源区

（1）帮助：获取帮助。

（2）社区：访问 MathWorks 在线社区。

（3）请求支持：提交技术支持请求。

（4）了解 MATLAB：按需访问学习资源。

1.2.3　MATLAB 的工作窗口

"工欲善其事，必先利其器。"对于初学者来说，首先必须十分了解自己的工具，才可以用得顺手。下面，我们将从最基本的工作窗口开始介绍。

1．命令行窗口

如图 1-7 所示，命令行窗口主要用于输入命令并显示除了图形以外的所有显示结果。其中，"〉〉"为运算提示符，表明 MATLAB 处于准备状态，可以输入语句了。

图 1-7　命令行窗口

注：输入语句时，一定要在英文输入法的状态下输入，尤其是标点符号。

Tips：输完代码后按"Enter"键即可执行命令，按"Shift"＋"Enter"键即可换行继续输入代码。

2．工作区窗口

如图 1-8 所示，工作区窗口可以显示目前 MATLAB 内存中所有变量的变量名、数据结构、字节数以及类型等相关信息。

3. 当前文件夹窗口

如图 1-9 所示,该窗口可以显示当前工作目录下的文件,并进行新建、复制、粘贴、重命名等操作。

注:可以通过 cd 命令改变当前目录,例如可以输入:cd D:\MATLAB2020a。

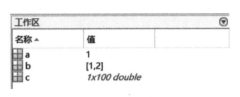

图 1-8　工作区窗口

图 1-9　当前文件夹窗口

4. 历史命令窗口(可以设置为停靠在主窗口内,方便查看)

如图 1-10 所示,历史命令窗口主要用于记录之前执行过的命令以及时间,非常好用!(注:双击某一历史命令可以直接重新执行该命令。右键也可弹出菜单选择相应的功能。)

打开方式如下:

【布局】→【命令历史记录】→【停靠】

图 1-11 为历史命令的设置窗口。

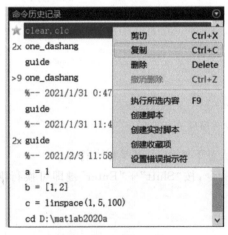

图 1-10　历史命令窗口

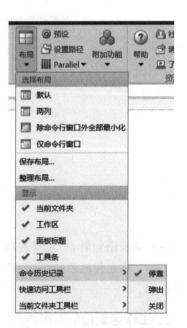

图 1-11　设置历史命令窗口

1.2.4　搜索路径

1．搜索路径定义

MATLAB 的搜索路径是文件系统中所有文件夹的子集。简单来说，MATLAB 通过搜索路径来高效地定位用于 MathWorks® 产品的文件。

2．使用场景

当用户需要调用自己写的函数时，需将其所在的目录拓展成 MATLAB 的搜索路径后方能调用。（因为有时候 MATLAB 可能调用不到读者自己写的函数导致程序无法运行）

3．完整学习网址

https://ww2. mathworks. cn/help/MATLAB/MATLAB _ env/what-is-the-MATLAB-search-path. html

4．设置方法

（1）单击主页栏中的"设置路径"，如图 1-12 所示。

（2）通过单击"添加文件夹"或者"删除"，即可"增加"或者"删除"MATLAB 的搜索路径中，如图 1-13 所示。

图 1-12　设置路径

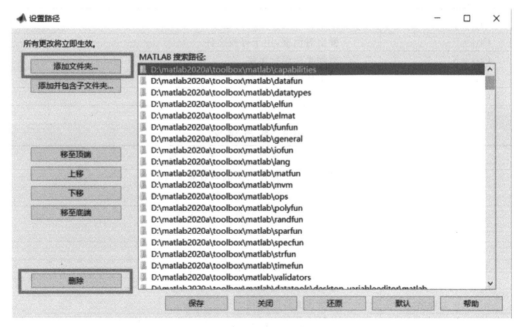

图 1-13　添加或者删除路径

5．path 命令

显示 MATLAB 的搜索路径,该路径存储在 pathdef.m 中。

具体语法如下:

path(newpath)：path(newpath)将搜索路径更改为 newpath。

path(oldpath, newfolder)：将 newfolder 文件夹添加到搜索路径的末尾。如果 newfolder 已存在于搜索路径中,则 path(oldpath,newfolder)将 newfolder 移至搜索路径的底层。要添加多个文件夹,请使用 addpath 函数。

path(newfolder, oldpath)：将 newfolder 文件夹添加到搜索路径的开头。如果 newfolder 已经在搜索路径中,则 path(oldpath,newfolder)将 newfolder 移到搜索路径的开头。

1.2.5　实用快捷键与常用命令

MATLAB 常用快捷键与常用命令见表 1-3 与表 1-4。

表 1-3　常用的快捷键

快 捷 键	功　　能
↑/↓	切换到之前运行过的指令,可按多次直到找到需要的指令
←或 Ctrl+B	退后一格
→	前移一格
Ctrl+←	光标直接左移一个字符
Esc 或 Ctrl+U	清除当前输入行
Ctrl+C	中断当前正在运行的指令
Ctrl+F	弹出对话框,用于寻找文件
Ctrl+K	清除光标至行尾字
Ctrl+S	将工作区全部变量存储为".mat"文件
Ctrl+Z	恢复上一次删除

表 1-4　常 用 命 令

命　　令	功　　能
clc	清除当前工作窗口内的所有显示内容
clear	清理工作区内的所有变量
clear all	清除工作区内的所有变量和函数
clear+变量名	清除指定的变量
clf	清理图形窗口内容
delete+文件名	从磁盘中删除指定文件
help+命令名	查询该命令的帮助信息
which+文件名	查找该文件的路径
who	显示当前工作区空间内所有变量的一个简单列表
whos	列出当前工作区空间内所有变量的大小等详细信息
what	列出当前目录下的 M 文件和 MAT 文件

续表

命　　令	功　　能
size＋变量名	显示当前工作区空间内变量的尺寸
length＋变量名	显示当前工作区空间内变量的长度
disp＋变量名	显示当前工作区空间内变量
load	加载指定文件的变量
save	保存内存变量到指定文件
hold	图形保持开关
clf	清除图形窗口
type	显示文件内容
home	将光标移至命令窗口的左上角
cd	显示或改变当前工作目录
exit/quit	退出 MATLAB

1.2.6　帮助系统

MATLAB 有非常完善的帮助系统,当初学者遇到某个函数或者某个命令不知道怎么用的问题时,有三种方法可以解决这个问题。

（1）"help"命令。help 命令可以直接获取有关函数或者命令的帮助。例如输入以下代码：help help,如图 1-14 所示。

运行结果如图 1-15 所示。

图 1-14　help 命令

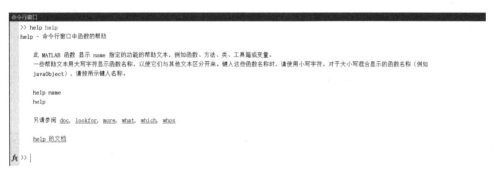

图 1-15　help 命令运行结果

（2）直接单击操作页面中的 按钮,即可弹出帮助页面,如图 1-16 所示。

（3）进入 MATLAB 社区或者论坛进行交流。可以直接单击"主页"选项卡中的"社区"按钮,如图 1-17 所示,进入 MathWorks 在线社区同网友一起交流经验与解决难题。

图 1-16　help 命令按钮

图 1-17　MATLAB 社区按钮

MATLAB 社区界面如图 1-18 所示。

图 1-18　MATLAB 社区界面

1.2.7　实时编辑器

在实时编辑器中,可以创建随代码一起显示代码输出的实时脚本。可以添加格式化文本、方程、图像和超链接用于增强您的记叙脚本,以及将实时脚本作为交互式文档与其他人共享。

单击"主页"选项卡中的"新建实时脚本"按钮即可建立实时脚本,如图 1-19 与图 1-20 所示。

图 1-19　新建实时脚本

图 1-21 与图 1-22 为运行实行脚本。由图 1-22 可以看到,左边是代码,右边是实时运行的结果图(修改好代码后单击上方的"运行"按钮即可实时运行)。

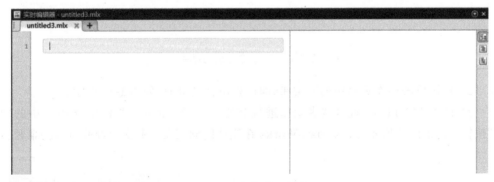

图 1-20　新建实时脚本

实时编辑器功能十分强大,可以导出多种格式文件,如图 1-23 所示。

举例:导出 PDF 文件,效果如图 1-24 所示。

图 1-21　运行实时脚本

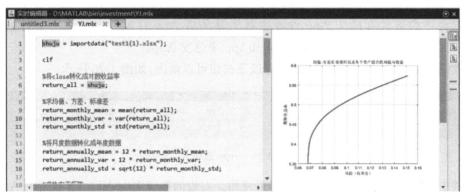

图 1-22　运行实时脚本

图 1-23　实时编辑器的导出功能

```
%导入数据
shuju = importdata("TRD_Mnth.txt");

%下面这条数据用来刷新实时脚本的图的
 clf

%将close数据转移出来保存成十列数据
close_all = shuju.data(:,2);
closeiii =[];

for a = 1:10
    ii = 38* a - 37;
    closeii = close_all(ii:ii+37);
    closeiii = [closeiii,closeii];
end

%将close转化成对数收益率
return_all = price2ret(closeiii);

%求均值、方差、标准差
return_monthly_mean = mean(return_all);
return_monthly_var = var(return_all);
return_monthly_std = std(return_all);

%将月度数据转化成年度数据
return_annually_mean = 12 * return_monthly_mean;
return_annually_var = 12 * return_monthly_var;
return_annually_std = sqrt(12) * return_monthly_std;

%求协方差矩阵
return_annually_cov = cov(return_all);
```

图 1-24　导出效果展示

1.2.8　App Designer

App Designer 是指交互式开发环境,用于设计 App 布局并对其行为进行编程。它提供 MATLAB® 编辑器的完整集成版本和大量交互式 UI 组件。它还提供网格布局管理器来组织您的用户界面,并提供自动调整布局选项来使您的 App 检测和响应屏幕大小的变化。它允许您通过直接从 App 设计工具工具条将 App 打包为安装程序文件来分发 App,或通过创建独立的桌面 App 或 WebApp 来分发 App。

点开 App 选项卡,我们可以发现有以下按钮可以单击,如图 1-25 所示。

图 1-25　App 选项卡

其中左边的按钮顾名思义,点击即可使用。右边的按钮为 MATLAB 自带的 App,方便研究人员直接使用。

单击"设计 App"按钮,MATLAB 将会弹出如图 1-26 所示的界面。

图 1-26　设计 App

单击"空白 App"按钮,即可创造一个新的 App,类似于 GUI,可视化效果更好,如图 1-27 所示。

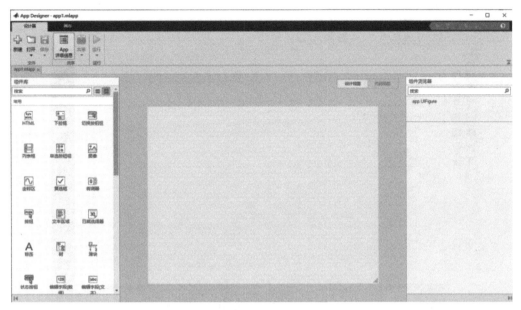

图 1-27　设计 App

1.3　MATLAB 的实际应用——以 GUI 为例

为了让读者更简单明了地熟悉 MATLAB 的整个框架体系及编程逻辑,我们将通过 GUI 为读者展示 MATLAB 的实际应用。

MATLAB GUI 为图形用户界面(Graphical User Interface,GUI),又称图形用户接口,是指采用图形方式显示的计算机操作用户界面,是 MATLAB 用户可视化交互式的工具,运用 GUI 生成的操作界面用户可以不用浏览烦冗的代码而进行操作。

使用 GUI 的好处在于: GUI 十分适合新手。因为 GUI 的界面很简单,包括最基本的文本框、按钮等,很方便进行项目展示。初学者只需要掌握一些基本函数、语法,便可以轻松上手,感受编程的魅力。

初始界面如图 1-28 所示。

实例:通过使用 GUI,演示如何将 1000 个苹果分进 10 个箱子中,计算出分类方案,满足"顾客想购买任意数量(1~1000 个)的苹果时,都可以选出相对应的箱子,使得这些箱子中的苹果之和为顾客所要求的数量"的条件。

图 1-29 是 GUI 运行效果图。

该 GUI 的代码并不复杂,只需设计几个简单的按钮即可很好地完成任务要求,在本书的第 5 章中我们将会具体学习如何设计 GUI 界面。接下来让我们开启学习 MATLAB 基本语法等知识的章节吧。

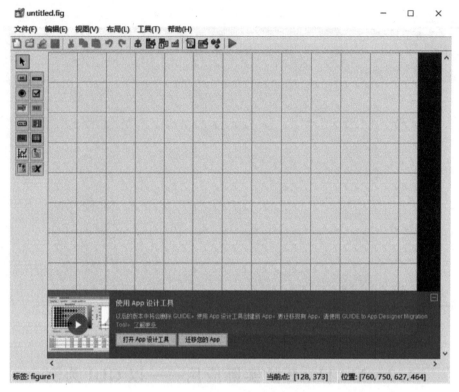

图 1-28 GUI 初始界面

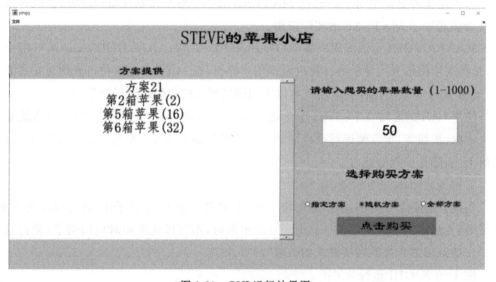

图 1-29 GUI 运行效果图

第 2 章

数据读写的基本操作

在编写 MATLAB 的脚本时,经常需要从外部读入数据,或者将脚本运行的结果保存为文件。MATLAB 可以使用多种格式打开和保存数据,因此了解并掌握各种函数命令十分重要。

本章将结合实例介绍 MATLAB 中文件的读写和数据的导入、导出与处理的基本操作,学习思路导图如图 2-1 所示。

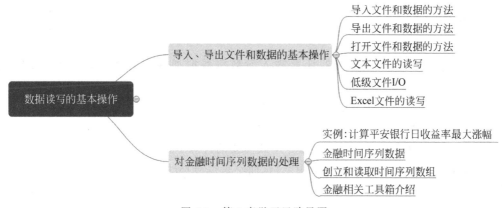

图 2-1　第 2 章学习思路导图

2.1　导入、导出文件和数据的基本操作

2.1.1　导入文件和数据的方法

1. 导入数据

单击"主页"选项卡中的【导入数据】按钮,如图 2-2 所示,之后根据自己的需要选择相应的选项导入数据即可。

2. load 函数用法

MATLAB 中导入数据通常由 load 函数实现,该函数的用法如下。

图 2-2　导入数据按钮

（1）load(filename)

作用：从 filename 加载数据。如果 filename 是 MAT 文件，load(filename)会将 MAT 文件中的变量加载到 MATLAB 工作区。如果 filename 是 ASCII 文件，load(filename)会创建一个包含该文件数据的双精度数组。例如可以这样写：load('D:\MATLAB2020a\aaa.mat')。

（2）load(filename,variables)

作用：加载 MAT 文件 filename 中的指定变量。例如可以这样写：load('xxxx.mat','aaa')。

（3）load(filename,'-ascii')

作用：将 filename 视为 ASCII 文件，而不管文件扩展名如何。例如可以这样写：load('xxxx.mat','-ascii')。

（4）load(filename,'-mat')

作用：将 filename 视为 MAT 文件，而不管文件扩展名如何。例如可以这样写：load('xxxx.mat','-mat')。

（5）load(filename,'-mat',variables)

作用：加载 filename 中的指定变量。例如可以这样写：load('xxxx.mat','-mat','a')。

（6）S=load( )

作用：使用前面语法组中的任意输入参数将数据加载到 S 中。如果 filename 是 MAT 文件，则 S 是结构数组。如果 filename 是 ASCII 文件，则 S 是包含该文件数据的双精度数组。例如可以这样写：A=load('aaa.mat')。

（7）load filename

作用：是该语法的命令形式。命令形式需要的特殊字符较少。您无须键入括号或者将输入括在单引号或双引号内。使用空格（而不是逗号）分隔各个输入项。例如可以这样写：load aaa.mat。

3. importdata 函数用法

在 MATLAB 中，另一个导入数据的常用函数为 importdata，该函数的用法如下：（注：与 load 函数不同，importdata 将文件中的数据，以结构体的方式导入到工作区中。）

（1）A=importdata(filename)

作用：将数据加载到数组 A 中。例如可以这样写：A=importdata('aaa.mat')。

（2）A=importdata('-pastespecial')

作用：从系统剪贴板而不是文件加载数据。例如可以这样写：A=importdata('-pastespecial')。

（3）A=importdata(_____,delimiterIn)

作用：将 delimiterIn 解释为 ASCII 文件 filename 或剪贴板数据中的列分隔符。您可以将 delimiterIn 与以上语法中的任何输入参数结合使用。

例 2-1 首先使用文本编辑器创建一个带有列标题的称为 wenben.txt 的空格分隔 ASCII 文件。内容为：

88 89

87 56

然后输入以下代码：

```
filename = 'wenben.txt';
delimiterIn = ' ';
A = importdata(filename,delimiterIn)
```

A = 2×2
     88   89
     87   56

（4）A＝importdata(＿＿＿＿,delimiterIn,headerlinesIn)

作用：从 ASCII 文件 filename 或剪贴板加载数据，并读取从第 headerlinesIn＋1 行开始的数值数据。

例 2-2　首先使用文本编辑器创建一个带有列标题的称为 wenben.txt 的空格分隔 ASCII 文件。内容为：

L1 L2

88 89

87 56

然后输入代码：

```
filename = 'wenben.txt';
delimiterIn = ' ';
headerlinesIn = 1;
A = importdata(filename,delimiterIn,headerlinesIn)
```

A = 包含以下字段的 struct:
       data: [2×2 double]
   textdata: {'L1' 'L2'}
 colheaders: {'L1' 'L2'}

（5）[A,delimiterOut,headerlinesOut]＝importdata(＿＿＿＿)

作用：使用先前语法中的任何输入参数，在 delimiterOut 中额外返回检测到的输入 ASCII 文件中的分隔符，以及在 headerlinesOut 中返回检测到的标题行数。

例 2-3　首先使用文本编辑器创建一个带有列标题的称为 wenben.txt 的空格分隔 ASCII 文件。内容为：

L1 L2

88 89

87 56

然后输入代码：

```
filename = 'wenben.txt';
[A,delimiterOut,headerlinesOut] = importdata(filename)
```

```
A = 包含以下字段的 struct:
          data: [2×2 double]
      textdata: {'L1' 'L2'}
     colheaders: {'L1' 'L2'}
delimiterOut = ''
headerlinesOut = 1
```

2.1.2　导出文件和数据的方法

MATLAB 支持工作区的保存。用户可以将工作区或工作区中的变量以文件的形式保存，以备在需要时再次导入。保存工作区可以通过菜单进行，也可以通过命令窗口进行。

1. 保存工作区

单击"主页"选项卡中的【保存工作区】按钮，如图 2-3 所示，或者按快捷键"Ctrl+S"，即可保存工作区中的变量

2. save

图 2-3　保存工作区按钮

作用：将工作区中的所有变量保存在当前工作区中的文件中，文件名为 MATLAB.mat。MAT 文件可以通过 load 函数再次导入工作区，MAT 文件可以被不同的机器导入，甚至可以通过其他的程序调用。例如可以这样写：save。

3. save(filename)

作用：将当前工作区中的所有变量保存在 MATLAB 格式的二进制文件（MAT 文件）filename 中。如果 filename 已存在，save 会覆盖该文件。例如可以这样写：save('a1.mat')。

4. save(filename,variables)

作用：仅保存 variables 指定的结构体数组的变量或字段。例如可以这样写：save('a1.mat','A')。

5. save(filename,variables,fmt)

作用：以 fmt 指定的文件格式保存。variables 参数为可选参数。如果不指定 variables，save 函数将保存工作区中的所有变量。

例 2-4

```
p = rand(1,10);
save('a1.txt','p','-ascii')
type('a1.txt')
```

```
1.4188634e-01   4.2176128e-01   9.1573553e-01   7.9220733e-01   9.5949243e-01
6.5574070e-01   3.5711679e-02   8.4912931e-01   9.3399325e-01   6.7873515e-01
```

6．save(filename,variables,'-append')

作用：将新变量添加到一个现有文件中。如果 MAT 文件中已经存在变量，则 save 会使用工作区中的值覆盖它。对于 ASCII 文件，'-append' 会将数据添加到文件末尾。

例 2-5

```
p = rand(1,1);
q = ones(1);
save('a1.txt','p','q','- ascii')
type('a1.txt')
```

```
7.5774013e - 01
1.0000000e + 00
```

7．save filename

作用：这是命令形式的语法。命令形式需要的特殊字符较少。无须键入括号或者将输入括在单引号或双引号内。使用空格(而不是逗号)分隔各个输入项。例如可以这样写：save a1.mat。

2.1.3　打开文件和数据的方法

MATLAB 中可以使用 open 命令打开各种格式的文件，MATLAB 自动根据文件的扩展名选择相应的编辑器。

读者需要注意，open('xxx.mat')和 load('xxx.mat')不同，前者将 xxx.mat 以结构体的方式打开在工作区中，后者将文件中的变量导入到工作区中，如果需要访问其中的内容，需要以不同的格式进行。

1．open name

作用：在适当的应用程序中打开指定的文件或变量。例如可以这样写：open C:\temp\data.mat。

2．A=open(name)

作用：如果 name 是 MAT 文件，A=open(name)将返回结构体；如果 name 是图窗，则返回图窗句柄。否则，open 将返回空数组。要获得更高的灵活性和更多选项，请使用 load 函数打开 MAT 文件，使用 openfig 函数打开图窗。例如可以这样写：A=open('a1.txt')。

2.1.4　文本文件的读写

在前面三节中介绍的函数和命令主要用于读写 mat 文件，在应用中，有时候我们需要读写更多格式的文件，如文本文件，word 文件，xml 文件，xls 文件及图像、音视频文件等。本节主要介绍文本文件(txt)的读写。表 2-1 为 MATLAB 中实现文本文件读写的函数。

表 2-1　MATLAB 中实现文本文件读写的函数

函　　数	功　　能
csvread	读入以逗号分隔的数据
csvwrite	将数据写入文件,数据间以逗号分隔
dlmread	将以 ASCII 码分隔的数值数据读入矩阵中
dlmwrite	将矩阵数据写入文件中,以 ASCII 分隔
textread	从文本文件中读入数据,将结果分别保存
textscan	从文本文件中读入数据,将结果保存为单元数组

下面将对表 2-1 中的函数进行说明。

1. csvread 函数

(1) M＝csvread(filename)

作用:将逗号分隔值(CSV)格式化文件读入数组 M 中。该文件只能包含数值。例如可以这样写:M＝csvread('aaa.dat')。

(2) M＝csvread(filename,R1,C1)

作用:从行偏移量 R1 和列偏移量 C1 开始读取文件中的数据。例如,偏移量 R1＝0、C1＝0 指定文件中的第一个值。例如可以这样写:M＝csvread('aaa.dat',2,0)。

(3) M＝csvread(filename,R1,C1,[R1 C1 R2 C2])

作用:仅读取行偏移量 R1 和 R2 及列偏移量 C1 和 C2 界定的范围。另一种定义范围的方法是使用电子表格表示法(例如'A1..B7')而非[0 0 6 1]。例如可以这样写:M＝csvread('aaa.dat',1,0,[1,0,2,1])。

2. dlmread 函数

(1) M＝dlmread(filename)

作用:将 ASCII 分隔的数值数据文件读取到矩阵 M。dlmread 函数从该文件中检测到分隔符,并将重复的空白视为一个分隔符。例如可以这样写:M＝dlmread('aaa.dat')。

(2) M－dlmread(filename,delimiter)

作用:使用指定的分隔符读取该文件中的数据,并将重复的分隔符视为单独的分隔符。

例 2-6　首先使用文本编辑器创建一个带有列标题的称为 wenben.txt 的空格分隔 ASCII 文件。内容为:

88 89

87 56

然后输入代码:

```
filename = 'wenben.txt';
M = dlmread(filename,'')
```

```
M = 2 × 2
      88      89
      87      56
```

（3）M＝dlmread(filename,delimiter,R1,C1)

作用：从行偏移量 R1 和列偏移量 C1 开始读取。例如,偏移量 R1＝0、C1＝0 指定文件中的第一个值。如果要指定行和列的偏移量而不指定分隔符,请将空字符用作占位符,例如 M＝dlmread(filename,'',1,1)。

例 2-7　首先使用文本编辑器创建一个带有列标题的称为 wenben.txt 的空格分隔 ASCII 文件。内容为:

L1 L2

88 89

87 56

然后输入代码:

```
filename = 'wenben.txt';
M = dlmread(filename,'',1,0)
```

```
M = 2 × 2
      88      89
      87      56
```

（4）M＝dlmread(filename,delimiter,[R1 C1 R2 C2])

作用：仅读取行偏移量 R1 和 R2 及列偏移量 C1 和 C2 界定的范围。另一种定义范围的方法是使用电子表格表示法(例如 'A1..B7')而非 [0 0 6 1]。

其中参数 delimiter 用于指定文件中的分隔符,其他参数的意义与 csvread 函数中参数的意义相同,这里不再赘述。

dlmread 函数与 csvread 函数的差别在于:dlmread 函数在读入数据时可以指定分隔符,不指定时默认分隔符为逗号。

例 2-8　首先使用文本编辑器创建一个带有列标题的称为 wenben.txt 的空格分隔 ASCII 文件。内容为:

L1 L2

88 89

87 56

然后输入代码:

```
filename = 'wenben.txt';
M = dlmread(filename,'',1,0,[1 0 1 1])
```

```
M = 1 × 2
      88      89
```

3. dlmwrite 函数

（1）dlmwrite(filename,M)

作用：将数组 M 中的数值数据写入一个 ASCII 格式的文件 filename，并使用默认分隔符（,）分隔各数组元素。如果文件 filename 已存在，则 dlmwrite 将覆盖该文件。

例 2-9

```
M = magic(2);
dlmwrite('a1.txt',M)
type('a1.txt')
```

```
1,3
4,2
```

（2）dlmwrite(filename,M,'-append')

作用：将数据追加到现有文件 filename 的末尾。

例 2-10

```
M = magic(2);
N = magic(3);
% 将矩阵 M 导入到文件并使用空白作为分隔符。
dlmwrite('a1.txt',M,'delimiter','');
% 将矩阵 N 追加到文件,从现有数据偏移一行。
dlmwrite('a1.txt',N,'-append','delimiter','','roffset',1)
type('a1.txt') % 查看文件。
```

```
1 3
4 2

8 1 6
3 5 7
4 9 2
```

（3）dlmwrite(_____,Name,Value)

作用：使用一个或多个名称-值对组参数另外指定分隔符、换行符、偏移量和精度选项。可以指定的参数见表 2-2。

表 2-2　具体的参数名及对应的功能

参数名	功　　能
delimiter	用于指定分隔符
newline	用于指定换行符,可以选择"pc"或者"unix"
roffset	行偏差,指定文件第一行的位置,roffset 的基数为 0
coffset	列偏差,指定文件第一列的位置,coffset 的基数为 0
precision	指定精确度,可以指定精确维数,或者采用 c 语言的格式,如"%10.5f"

例 2-11

```
% 创建样本数据数组 M.
M = magic(2) * pi;
% 将矩阵 M 写入文件 'a1.txt',用制表位字符分隔并使用 3 位数精度。
dlmwrite('a1.txt',M,'delimiter','\t','precision',3)
% 查看文件中的数据.
type('a1.txt')
```

```
3.14   9.42
12.6   6.28
```

（4）dlmwrite(filename,M,delimiter)

作用：将数组 M 写入文件 filename,并使用指定分隔符 delimiter 分隔各数组元素。

例 2-12

```
N = magic(3);
dlmwrite('a1.txt',N,'delimiter',';')
type('a1.txt')
```

```
8;1;6
3;5;7
4;9;2
```

（5）dlmwrite(filename,M,delimiter,row,col)

作用：从目标文件中指定的第 row 行和第 col 列开始写入数组。前导行和列用 delimiter 分隔的空元素填充。

例 2-13

```
N = magic(3);
dlmwrite('a1.txt',N,' ',2,1)
type('a1.txt')
```

```
8 1 6
3 5 7
4 9 2
```

4. textread,textscan

当文件的格式已知时,可以利用 textread 函数和 textscan 函数读入。（读取大型文本文件、从文件中的特定点读取或将文件数据读取到元胞数组而非多个输出时,推荐使用 textscan 函数。）

这里以 textread 函数为例：[A,B,C,…]＝textread(filename,format)

作用：以指定的 format 将数据从文件 filename 读入到 A、B、C 等变量中,直到整个文件读取完毕。将 filename 和 format 输入指定为字符向量或字符串标量。textread 对于读取已知格式的文本文件非常有用。textread 可处理固定格式文件和任意格式文件。

例 2-14 首先使用文本编辑器创建一个带有列标题的称为 wenben.txt 的空格分隔 ASCII 文件。内容为：

hyy 18

hyh 21

hhh 20

然后输入代码：

```
[names, ages] = textread('wenben.txt', '%s %d', 3)
```

```
names = 3×1 cell
 'hyy'
 'hyh'
 'hhh'
ages = 3×1
      18
      21
      20
```

表 2-3 为六种基本的 format 值。

表 2-3　六种基本的 format 值（format 中的空白字符将被忽略）

格　　式	操　　作	输　　出
%d	读取有符号整数值	双精度数组
%u	读取整数值	双精度数组
%f	读取浮点值	双精度数组
%s	读取以空白或分隔符分隔的文本	字符向量元胞数组
%q	读取带双引号的文本，并忽略引号	字符向量元胞数组
%c	读取包括空白在内的字符	字符数组

2.1.5　低级文件 I/O

本节简单介绍一些基本的文件操作，这些操作如表 2-4 所示。

表 2-4　基本的文件操作函数

函　　数	功　　能
fclose	关闭打开的文件
feof	判断是否为文件结尾
ferror	文件输入输出中的错误查找
fgetl	读入一行，忽略换行符
fgets	读入一行，直到换行符
fopen	打开文件，或者获取打开文件的信息

续表

函　　数	功　　能
fprintf	格式化输入数据到文件
fread	从文件中读取二进制数据
frewind	将文件的位置指针移至文件开头位置
fscanf	格式化读入
fseek	设置文件位置指针
ftell	文件位置指针
fwrite	向文件中写入数据

例 2-15　fopen、fprintf、fclose 函数的使用

```
% 打开文件并将文件标识符传递给 fgetl 函数以读取数据。
example = fopen('wenben.txt')
```

```
example = 3
```

```
% 将 fileID 传递给 fgetl 函数以从文件读取一行。
line1 = fgetl(example)
```

```
line1 = 'hyy 18'
```

```
% 关闭文件。
fclose(example)
```

```
ans = 0
```

```
% formatSpec 输入中的 %4.2f 指定输出中每行的第一个值为浮点数,字段宽度为四位数,包括
小数点后的两位数。formatSpec 输入中的 %8.3f 指定输出中每行的第二个值为浮点数,字段宽
度为八位数,包括小数点后的三位数。\n 为新起一行的控制字符。
A1 = [9.8, 9800];
A2 = [8.8, 8800];
formatSpec = 'X is %4.2f meters or %8.3f mm\n';
fprintf(formatSpec,A1,A2)
```

```
X is 9.80 meters or 9800.000 mm
X is 8.80 meters or 8800.000 mm
```

2.1.6　Excel 文件的读写

在处理数据的时候,我们常用到 Excel 文件来存储、处理数据,因此本节主要介绍
Excel 文件(xls 格式)的读写。

1. xlsread 函数的五种常用调用方式

(1) num＝xlsread(filename)

作用:读取名为 filename 的 Microsoft Excel 电子表格工作表中的第一个工作表,并

在一个矩阵中返回数值数据。例如可以这样写：A＝xlsread('abcd. xls')。

（2）num＝xlsread(filename,sheet)

作用：读取指定的工作表。例如可以这样写：A＝xlsread('abcd. xls',1)。

（3）num＝xlsread(filename,xlRange)

作用：从工作簿的第一个工作表的指定范围内读取数据。使用 Excel 范围语法，例如'A1：C3'。例如可以这样写：A＝xlsread('abcd. xls', 'A1：B3')。

（4）num＝xlsread(filename,sheet,xlRange)

作用：读取指定的工作表和范围。例如可以这样写：A＝xlsread('abcd. xls',1,'A1：B3')。

（5）［num,txt,raw］＝xlsread(＿＿＿＿＿)

作用：还使用先前语法中的任何输入参数，在元胞数组 txt 中返回文本字段，在元胞数组 raw 中返回数值数据和文本数据。例如可以这样写：［num,txt,raw］＝xlsread('abcd. xls')。

2. xlswrite 函数的六种常用调用方式

（1）xlswrite(filename,A)

作用：将矩阵 A 写入 Microsoft Excel 电子表格工作簿 filename 中的第一个工作表，从单元格 A1 开始写入。例如可以这样写：xlswrite('abcd. xls',［5 6 7 8 9］)。

（2）xlswrite(filename,A,sheet)

作用：将数据写入指定的工作表。例如可以这样写：xlswrite('abcd. xls',［5 6 7 8 9］,2)。

（3）xlswrite(filename,A,xlRange)

作用：将数据写入工作簿的第一个工作表中由 xlRange 指定的矩形区域内。使用 Excel 范围语法，例如'A1：C3'。例如可以这样写：xlswrite('abcd. xls',［5 6］, 'A5：B7')。

（4）xlswrite(filename,A,sheet,xlRange)

作用：将数据写入指定的工作表和范围。例如可以这样写：xlswrite('abcd. xls', ［5 6］,2,'A5：B7')。

（5）status＝xlswrite(＿＿＿＿＿)

作用：使用先前语法中的任何输入参数返回写入操作的状态。当操作成功时，status 为 1。否则，status 为 0。例如可以这样写：status＝xlswrite('abcd. xls',［5 6 7 8 9］)。

（6）［status,message］＝xlswrite(＿＿＿＿＿)

作用：还在结构体 message 中返回写入操作生成的任何警告或错误消息。例如可以这样写：［status,message］＝xlswrite('abcd. xls',［5 6 7 8 9］)。

不过从 MATLAB R2019a 起，出于兼容性的考虑，MATLAB 就不再推荐用户使用 xlsread ＆ xlswrite 函数了。

读者们掌握了上述两种函数就足以应付绝大部分操作要求，不过我们在这里也介绍一下 MATLAB 最近推出的新版函数，它们能在一定程度上替代 xlsread ＆ xlswrite 函数的功能，但是由于 MATLAB 本身是不向下兼容的，因此读者用的时候一定要特别注意兼容性的问题。xlsread 与 xlswrite 的替代函数的使用方法分别见表 2-5 与见表 2-6。

表 2-5　xlsread 的替代函数的使用方法

旧　　版	新　　版
使用 xlsread 将电子表格数据作为矩阵读取： M＝xlsread(filename)	将电子表格数据作为表读取： T＝readtable(filename) 但是，要继续将数据作为矩阵读取，请使用： M＝readmatrix(filename)
使用 xlsread 将电子表格数据作为元胞数组读取： [～,～,C]＝xlsread(filename)	将电子表格数据作为表导入： T＝readtable(filename) 但是，要继续将数据作为元胞数组导入，请使用： C＝readcell(filename)
使用 xlsread 将特定工作表和范围作为矩阵读取： M＝xlsread(filename,sheet,range)	将特定工作表和范围作为表读取： T＝readtable(filename,'Sheet',sheet,'Range',range) 但是，要继续将数据作为矩阵读取，请使用： M＝readmatrix(filename,'Sheet',sheet,'Range',range)
使用 xlsread 将特定工作表和范围作为元胞数组读取： [～,～,C]＝xlsread(filename,sheet,range)	使用 xlsread 将特定工作表和范围作为元胞数组读取： [～,～,C]＝xlsread(filename,sheet,range)

表 2-6　xlswrite 的替代函数的使用方法

旧　　版	新　　版
xlswrite(filename,M)	要将表格数据写入电子表格，请改用以下选项之一。 写入表： writetable(T,filename) 写入矩阵： writematrix(M,filename) 写入元胞数组： writecell(C,filename)

例 2-16　readtable 函数与 xlsread 函数的对比

```
xlswrite('abcd.xls', [5 6], 2,'A5:B7')
T = readtable('abcd.xls')
```

T = 7×5 table

	Var1	Var2	Var3	Var4	Var5
1	5	6	7	8	9
2	1	2	NaN	NaN	NaN
3	1	2	NaN	NaN	NaN
4	1	2	NaN	NaN	NaN
5	5	6	NaN	NaN	NaN
6	5	6	NaN	NaN	NaN
7	5	6	NaN	NaN	NaN

```
T = xlsread('abcd.xls')
```

T = 7 × 5

5	6	7	8	9
1	2	NaN	NaN	NaN
1	2	NaN	NaN	NaN
1	2	NaN	NaN	NaN
5	6	NaN	NaN	NaN
5	6	NaN	NaN	NaN
5	6	NaN	NaN	NaN

可以发现，在 readtable 函数中，自动将结果 T 保存为 Table 型变量，而 xlsread 函数则将结果 T 保存为 double 型变量。

注：Table 型变量是指具有命名变量的表数组（变量可包含不同类型的数据）；double 型变量是指 MATLAB® 中的默认数值数据类型（类），它可为大多数计算任务提供足够的精度。数值变量自动存储为 64 位（8 字节）双精度浮点值。

2.2   对金融时间序列数据的处理

2.2.1   实例：计算平安银行日收益率最大涨幅

为了让读者更简单明了地熟悉 MATLAB 的导入导出文件的操作，我们以平安银行某一时段的股价为基础数据，向读者展示如何处理金融时间序列数据。

例 2-17   出于实际需要，我们需要将平安银行（000001）2018 年 1 月 2 日至 2018 年 12 月 28 日的日收益率数据保存到 payh returns.txt 文件中，并计算期间的最大涨幅。步骤如下：

（1）在提供的 Excel 文件中，手动调整日期格式，将日期格式调整为"14-Mar-01"的格式如图 2-4 所示，并将文更换成 MATLAB 可以识别的英文字符。

（2）将调整后的 Excel 文件内容复制到名为 payh.txt 的文件中，并调整对应的行列，否则 MATLAB 运行中会产生错误，调整后的 payh.txt 文件如图 2-5 所示，即可以运行 ascii2fts 命令读取数据。

（3）运行如下命令。（注：文件必须存放在 MATLAB 的默认路径内，如果不在，需要运行 setpath 命令将文件夹加入到 MATLAB 默认的路径里去。）

```
payh = ascii2fts('payh.txt',1,2)
```

这时 MATLAB 工作区内将出现一个以 payh 为名字的结构数据，如图 2-6 所示。

图 2-4　调整日期格式

time	open	close	high	low	volume	money
02-Jan-18	13.15	13.49	13.72	13.12	211346871	2856543822
03-Jan-18	13.52	13.13	13.65	13	300786416	4006220767
04-Jan-18	13.12	13.05	13.17	12.93	188290824	2454543516
05-Jan-18	13.01	13.1	13.15	12.95	122884667	1603289518
08-Jan-18	13.05	12.76	13.09	12.67	219167653	2806099170
09-Jan-18	12.76	12.88	13	12.73	136493152	1754315792
10-Jan-18	12.84	13.27	13.29	12.73	244007960	3196055831
11-Jan-18	13.21	13.2	13.39	13.07	146598842	1937494294
12-Jan-18	13.25	13.35	13.47	13.21	137472555	1833435672
15-Jan-18	13.31	13.99	14.11	13.3	317020881	4376707089
16-Jan-18	13.96	13.99	14.16	13.81	248198324	3479177087
17-Jan-18	14.11	14.02	14.58	13.99	269697078	3849312882
18-Jan-18	14.18	14.5	14.5	14.06	218092029	3120455742
19-Jan-18	14.58	14.58	14.9	14.46	261051957	3832857440
22-Jan-18	14.38	14.22	14.71	14.21	210562500	3032799070
23-Jan-18	14.14	14.43	14.68	14.11	242537211	3492462006
24-Jan-18	14.44	14.42	14.85	14.28	263097349	3838734923
25-Jan-18	14.23	13.99	14.25	13.79	240627700	3360822345
26-Jan-18	13.97	13.84	14.12	13.81	206412052	2885104627
29-Jan-18	13.84	13.53	14.04	13.39	212255996	2911452095
30-Jan-18	13.49	13.44	13.63	13.35	111150400	1497708873

图 2-5　调整后的 payh.txt 文件

图 2-6　以 payh 为名字的结构数据

（4）将结构数据调整为所需要的数据。完整代码如下：

```
payh = ascii2fts('payh.txt',1,2);
% 时间序列数据的抽取,或者输入>> ftse = payh.close
ftse = extfield(payh,'close');
% 将所选定的数据转换为矩阵形式
oilmat = fts2mat(ftse);
% 由时间序列求解收益率
[Returns,intervals] = price2ret(oilmat);
% 将日收益率数据保存到 payh returns.txt 文件,以 ascii 码保存
save('payh returns.txt','Returns','-ascii');
% 计算最大涨幅(即求最大的收益率)
max_ret = max(Returns)
```

```
max_ret = 0.0691
```

2.2.2　金融时间序列数据

目前市场上绝大多数的金融数据都是以时间序列的形式给出的,因此本节内容主要是关于如何将不同的日期数据格式转化成 MATLAB 格式的操作。

1. MATLAB 用三种格式来表示日期与时间

（1）双精度型日期数字

一个日期型数字代表从公元 0 年到某一日期的天数,例如,2008 年 8 月 26 日夜时 0 点钟被表示为 733646,而同一天的中午 12 点就被表示为 733646.5,也就是说任何一个时刻都可以用一个双精度型数字表示。

（2）不同形式的日期字符串

MATLAB 定义了 28 种标准日期格式的字符。

（3）数值型的日期向量

用一个六元数组来表示一个日期时间,例如,[2008 8 26 12 5 0]表示 2008 年 8 月 26 日 12 点 05 分 0 秒；用一个三元数组来表示一个日期,例如,[2008 8 26]表示 2008 年 8 月 26 日。

2. MATLAB 所接受的日期格式

在 MATLAB 中,需要转换的日期和时间的所有文本的日期格式必须相同,并且它们必须为下列日期格式之一。（注：表 2-7 仅供参考,完整表格请参考官方论坛）

表 2-7　日　期　格　式

表示日期和时间的文本的格式	示　　例
'dd-mmm-yyyy HH:MM:SS'	01-Mar-2000 15:45:17
'dd-mmm-yyyy'	01-Mar-2000
'mm/dd/yyyy'	03/01/2000
'mm/dd/yy'	03/01/00
'mm/dd'	03/01
'mmm. dd,yyyy HH:MM:SS'	Mar. 01,2000 15:45:17
'mmm. dd,yyyy'	Mar. 01,2000
'yyyy-mm-dd HH:MM:SS'	2000-03-01 15:45:17
'yyyy-mm-dd'	2000-03-01
'yyyy/mm/dd'	2000/03/01
'HH:MM:SS'	15:45:17
'HH:MM:SS PM'	3:45:17 PM
'HH:MM'	15:45
'HH:MM PM'	3:45 PM

3. MATLAB 实现日期格式转化的函数

用日期数字表示日期使计算机更容易计算,但是不直观,因此 MATLAB 提供了许多函数来实现三种日期格式之间的转化。

（1）datestr

实现将日期数字和日期向量转化为日期字符串。用法:

① DateString＝datestr(t):将输入数组 t 中的日期时间值转换为表示日期和时间的文本。

② DateString＝datestr(DateVector):将日期向量转换为表示日期和时间的文本。

③ DateString＝datestr(DateNumber):将日期序列值转换为表示日期和时间的文本。

例 2-18

```
t = [datetime('now');datetime('tomorrow')]
```

```
t = 2×1 datetime
 2021 − 07 − 14 20:50:34
 2021 − 07 − 15 00:00:00
```

```
DateString = datestr(t)
```

```
DateString = 2×20 char 数组
 '14 − Jul − 2021 20:50:34'
 '15 − Jul − 2021 00:00:00'
```

（2）datenum

实现将日期字符串和日期向量转化为日期数字。用法：

① DateNumber＝datenum(t)：将输入数组 t 中的日期时间或持续时间值转换为日期序列值。日期序列值表示某个固定的预设日期(0000 年 1 月 0 日)以来的整个天数及其小数值，采用前 ISO 日历形式。

② DateNumber＝datenum(DateString)：将表示日期和时间的文本转换为日期序列值。

例 2-19

```
t = [datetime('now');datetime('tomorrow')]
```

```
t = 2×1 datetime
 2021 − 07 − 14 20:52:14
 2021 − 07 − 15 00:00:00
```

```
DateNumber = datenum(t)
```

```
DateNumber = 2×1
10⁵ ×
      7.3835
      7.3835
```

（3）datevec

实现将日期数字和日期字符串转化为日期向量。用法：

① DateVector＝datevec(t)：将日期时间或持续时间值 t 转换为日期向量(即数值向量)，其六个元素表示 t 的年、月、日、小时、分钟和秒分量。

② DateVector＝datevec(DateNumber)：将一个或多个日期数字转换为日期向量。

③ DateVector＝datevec(DateString)：可将表示日期和时间的文本转换为日期向量。

例 2-20

```
t = [datetime('now');datetime('tomorrow')]
```

```
t = 2×1 datetime
 2021 − 07 − 14 20:54:02
 2021 − 07 − 15 00:00:00
```

```
DateVector = datevec(t)
```

```
DateVector = 2×6
10³ ×
      2.0210    0.0070    0.0140    0.0200    0.0540    0.0028
      2.0210    0.0070    0.0150         0         0         0
```

（4）cputime

此 MATLAB 函数返回 MATLAB 应用程序自启动时起使用的总 CPU 时间（以秒为单位）。该数字可能使内部表示溢出并换行。

例 2-21

```
cputime
```

ans = 440.9844

（5）etime

此 MATLAB 函数返回两个日期向量或日期向量矩阵（t1 和 t2）之间的秒数。

例 2-22

```
% 计算特定时间与当前时间之间的已用时间,时间精确到 0.01 秒。
format shortg
str = 'March 28, 2012 11:51:00';
% 定义初始日期和时间并转换为日期向量格式。
t1 = datevec(str,'mmmm dd, yyyy HH:MM:SS')
```

```
t1 = 1×6
  2012      3     28     11     51      0
```

```
t2 = clock
```

```
t2 = 1×6
  2021      7     14     20     59   19.781
```

```
e = etime(t2,t1)
```

```
e =
  2.9336e + 08
```

（6）clock

将当前时间和日期返回到一个（6 元）数组中。用法：

c＝clock：返回一个六元素的日期向量,其中包含小数形式的当前日期和时间：[year month day hour minute seconds]。clock 函数根据系统时间计算当前日期和时间。

例 2-23

```
c = clock
```

```
c = 1×6
    2021     7     14     21      1   14.518
```

（7）now

将当前时间和日期以一个双精度型日期数字返回。用法：

t＝now：以日期序列值的形式返回当前的日期和时间。日期序列值表示从某个固定的预设日期（0000 年 1 月 0 日）起计的整数天数及小数天数值。

例 2-24

```
t = now
```

```
t =
  7.3835e + 05
```

（8）date

将当前时间和日期以 dd-mmm-yyyy 格式的字符串返回。用法：

c＝date：dd-mmm-yyyy 格式的字符向量形式返回当前日期。这种格式将月中日期（dd）表示为数字，将月份名称（mmm）表示为三个字母的缩写，将年份（yyyy）表示为数字。

例 2-25

```
c = date
```

```
c = '14 – Jul – 2021'
```

（9）weekday

返回一个日期数字或一个日期字符串的星期及一个星期中的第几天。用法：

① DayNumber＝weekday(D)：返回表示 D 中每个元素的星期几的数字。

② ［DayNumber,DayName］＝weekday(D)：返回 DayName 中星期几的缩写英语名称。

例 2-26

```
c = date
```

```
c = '14 – Jul – 2021'
```

```
[DayNumber,DayName] = weekday(c)
```

```
DayNumber =
    4
DayName = 'Wed'
```

（10）eomday

返回一个月的最后一天。用法：

e＝eomday(y,m)：返回通过数值数组 y 和 m 的相应元素提供的一年和一月中的最后一天。

例 2-27

```
eomday(2021, 1:9)
```

```
ans = 1×9
    31    28    31    30    31    30    31    31    30
```

（11）wcalendar

对用户要求的任何一个月生成一个日历并显示在命令窗口中，或将其放在一个 6×7 的矩阵中。用法：

① c＝calendar：返回包含当前月份的日历的 6×7 矩阵。该日历按从星期六（第一列）到星期天的顺序显示。

② c＝calendar(d)（其中 d 是日期序列值或表示日期和时间的文本）：返回指定月份的日历。

③ c＝calendar(y,m)（其中 y 和 m 为整数）：返回指定年的指定月份的日历。如果您不指定输出参数，则 calendar 会在命令行窗口中显示日历但不返回值。

例 2-28

```
c = calendar(2021, 2)
```

```
c = 6×7
     0     1     2     3     4     5     6
     7     8     9    10    11    12    13
    14    15    16    17    18    19    20
    21    22    23    24    25    26    27
    28     0     0     0     0     0     0
     0     0     0     0     0     0     0
```

（12）tic,toc

函数 tic 和 toc 被用来对一组 MATLAB 运算进行计时。tic 启动一个秒表，toc 停止这个秒表并计算出所经历的时间。用法：

① tic：tic 启动秒表计时器来测量性能。函数会记录执行 tic 命令时的内部时间。使用 toc 函数显示已用时间。

② timerVal＝tic：返回执行 tic 命令时内部计时器的值，这样就可以为同时段发生的不同命令记录各自的时间范围。

例 2-29

```
tic
toc
```

历时 0.001652 秒。

2.2.3 创立和读取时间序列数组

1. 利用 fints 函数创立时间序列数组

用法：

```
tsobj = fints(dates_and_data)
tsobj = fints(dates,data)
tsobj = fints(dates,data,datanames,freq,desc)
```

例 2-30

```
data = [1:6]'
```

```
data = 6×1
          1
          2
          3
          4
          5
          6
```

```
dates = [today:today+5]'
```

```
dates = 6×1
        738351
        738352
        738353
        738354
        738355
        738356
```

```
tsobjkt = fints(dates, data)
```

```
tsobjkt =

    desc: (none)
    freq: Unknown (0)

    {'dates: (6)'}      {'series1: (6)'}
    {'14-Jul-2021'}     {[          1]}
    {'15-Jul-2021'}     {[          2]}
    {'16-Jul-2021'}     {[          3]}
    {'17-Jul-2021'}     {[          4]}
    {'18-Jul-2021'}     {[          5]}
    {'19-Jul-2021'}     {[          6]}
```

2. 利用 timetable 函数创立时间序列数组

timetable 是一种特定类型的表,其中每一行关联一个时间。与表一样,时间表存储具有不同数据类型和大小的列向数据变量,只要它们具有相同的行数即可。此外,时间表提供了特定于时间的函数,可对一个或多个时间表中的时间戳数据进行对齐、合并,以及执行计算。用法:

```
TT = timetable(rowTimes, var1, ..., varN)
TT = timetable(var1, ..., varN, 'RowTimes', rowTimes)
TT = timetable(var1, ..., varN, 'SampleRate', Fs)
TT = timetable(var1, ..., varN, 'TimeStep', dt)
```

例 2-31

```
MeasurementTime = datetime({'2015 - 12 - 18 08:03:05';'2015 - 12 - 18 10:03:17';'2015 -
12 - 18 12:03:13'});
Temp = [37.3;39.1;42.3];
Pressure = [30.1;30.03;29.9];
WindSpeed = [13.4;6.5;7.3];
TT = timetable(MeasurementTime, Temp, Pressure, WindSpeed)
```

TT = 3 × 3 timetable

	MeasurementTime	Temp	Pressure	WindSpeed
1	2015-12-18 08:03:05	37.3	30.1	13.4
2	2015-12-18 10:03:17	39.1	30.03	6.5
3	2015-12-18 12:03:13	42.3	29.9	7.3

3. 时间序列数据转化为其他类型数据

(1) 时间序列数据保存为文本文件:stat=fts2ascii(filename, tsobj, exttext)

filename:新文件名。

tsobj:需要转化的 fints 型格式数据。

exttext:不需要的描述项的行数,也可以不输入。

例 2-32

```
dates = ['01 - Jan - 2001';'01 - Jan - 2001'; '02 - Jan - 2001'; '02 - Jan - 2001'; '03 - Jan - 2001';
'03 - Jan - 2001'];
times = ['11:00';'12:00';'11:00';'12:00';'11:00';'12:00'];
serial_dates_times = [datenum(dates), datenum(times)];
data = round(10 * rand(6,2));
stat = fts2ascii('a1.txt', serial_dates_times, data, {'dates';'times';'Data1';'Data2'},
'example')
```

stat =
    1

（2）时间序列数据转化为矩阵数据：tsmat＝fts2mat(tsobj,datesflag,seriesnames)

tsobj：需要转化的 fints 型格式数据。

datesflag：0（默认值）表示不输出日期到矩阵中，1 表示日期也转换。

seriesnames：（可选）指定矩阵中包含的数据序列。可以是字符向量的单元格数组。

4. fints 型数据求最大值、最小值、均值、标准差及排序

使用 max,min,mean,std,sortfts 函数即可。

例 2-33　接例 2-32

```
dates = ['01 - Jan - 2001';'01 - Jan - 2001'; '02 - Jan - 2001'; '02 - Jan - 2001'; '03 - Jan -
2001';'03 - Jan - 2001'];
times = ['11:00';'12:00';'11:00';'12:00';'11:00';'12:00'];
serial_dates_times = [datenum(dates), datenum(times)];
data = round(10 * rand(6,2));
stat = fts2ascii('a1.txt',serial_dates_times,data, {'dates';'times';'Data1';'Data2'},
'example')
```

```
stat =
    1
```

```
max(serial_dates_times) % 如前例
```

```
ans = 1 × 2
    7.3085e + 05     7.3816e + 05
```

```
max(serial_dates_times)
```

```
ans = 1 × 2
    7.3085e + 05     7.3816e + 05
```

5. 实现时间序列的转换：newfts＝convertto(oldfts,newfreq)

其中：oldfts：需要转换的数据，newfreq：转换的目标，具体如下：

'D'或'd'：天

'W'或'w'：周

'M'或'm'：月

'Q'或'q'：季度

'S'或's'：半年

'A'或'a'：年

6. 时间序列数据的抽取：ftse＝extfield(tsobj,fieldnames)

其中：tsobj：原始数据，fieldnames：原始数据中的字段名。

7. 将价格序列转化为收益率序列

[RetSeries,RetIntervals] = price2ret(TickSeries,TickTimes,Method)

其中：

TickSeries：价格数据的时间序列。

TickTimes：价格数据的时间序列。TickSeries 可以是一个列向量或一个矩阵；一个单调增加的观测时间的 nummobs 元素向量。时间是数字的，可以作为串行日期号（天单位），也可以作为任意单位的十进制数（例如，年）。

Method：表示计算资产回报的复合方法的字符向量。如果 Method 为'Continuous'，[ ]，或未指定，则 price2ret 连续计算复合收益。如果 Method = 'Periodic'，则 price2ret 假设为简单的周期性返回。方法不区分大小写。

RetSeries：资产回报数组。

RetIntervals：数组 nummobs -1 观测间隔时间的元素向量。如果 TickTimes 为[ ]或未指定，price2ret 假设所有间隔都为 1。

8. 将收益率序列转化为价格序列

[TickSeries,TickTimes] = ret2price(RetSeries,StartPrice,RetIntervals,StartTime,Method)

其中：

TickSeries：价格数据的时间序列。

TickTimes：价格数据的时间序列。TickSeries 可以是一个列向量或一个矩阵；一个单调增加的观测时间的 nummobs 元素向量。时间是数字的，可以作为串行日期号（天单位），也可以作为任意单位的十进制数（例如，年）。

Method：表示计算资产回报的复合方法的字符向量。如果 Method 为'Continuous'，[ ]，或未指定，则 price2ret 连续计算复合收益。如果 Method = 'Periodic'，则 price2ret 假设为简单的周期性返回。方法不区分大小写。

RetSeries：资产回报数组。

StartPrice：每个资产初始价格的 NUMASSETS 元素向量，或应用于所有资产的单个标量初始价格。如果 StartPrice=[ ]或未指定，则所有资产价格从 1 开始。

StartTime：（可选）第一次观察的标量开始时间，应用于所有资产的价格序列。默认值为 0。

RetIntervals：数组 nummobs -1 观测间隔时间的元素向量。如果 TickTimes 为[ ]或未指定，price2ret 假设所有间隔都为 1。

例 2-34

```
S = 10 * exp(0.10 * [0:19]');
R = price2ret(S);
P = ret2price(R, 10);
[S P]
```

```
ans =  20 × 2
                  10                10
              11.052            11.052
              12.214            12.214
              13.499            13.499
              14.918            14.918
              16.487            16.487
              18.221            18.221
              20.138            20.138
              22.255            22.255
              24.596            24.596
```

9. 处理时间序列中的缺失数据：newfts = fillts(oldfts,method)

其中：method 包括：

'linear'或'le'：线性插值法

'cubic'或'c'：三次插值法

'spline'或's'：样条法

'nearest'或'n'：最近法

'pchip'或'p'：逐段光滑的三次 Hemite 多项式法

例 2-35

```
dates = ['01-Jan-2001';'01-Jan-2001'; '02-Jan-2001';'02-Jan-2001'; '03-Jan-2001';'03-Jan-2001'];
times = ['11:00';'12:00';'11:00';'12:00';'11:00';'12:00'];
dates_times = cellstr([dates, repmat('',size(dates,1),1),times]);
OpenFts = fints(dates_times,[(1:3)'; nan; nan; 6],{'Data1'},1,'Open Financial Time Series')
```

```
OpenFts =

    desc: Open Financial Time Series
    freq: Daily (1)

    {'dates: (6)'}    {'times: (6)'}    {'Data1: (6)'}
    {'01-Jan-2001'}   {'11:00'      }   {[       1]}
    {'     "     '}   {'12:00'      }   {[       2]}
    {'02-Jan-2001'}   {'11:00'      }   {[       3]}
    {'     "     '}   {'12:00'      }   {[     NaN]}
    {'03-Jan-2001'}   {'11:00'      }   {[     NaN]}
    {'     "     '}   {'12:00'      }   {[       6]}
```

```
FilledFts = fillts(OpenFts,'cubic')
```

```
FilledFts =

    desc: Filled Open Financial Time Series
    freq: Unknown (0)
```

```
{'dates: (6)'}    {'times: (6)'}   {'Data1: (6)'}
{'01-Jan-2001'}   {'11:00'    }    {[         1]}
{'      "      '}  {'12:00'    }    {[         2]}
{'02-Jan-2001'}   {'11:00'    }    {[         3]}
{'      "      '}  {'12:00'    }    {[    3.0663]}
{'03-Jan-2001'}   {'11:00'    }    {[    5.8411]}
{'      "      '}  {'12:00'    }    {[         6]}
```

2.2.4　金融相关工具箱介绍

金融工具箱是 MATLAB 为金融分析等操作提供的一个完整的计算环境,金融工具箱还提供了金融数据的数学和统计分析的功能,同时还能用高质量图像将结果显示出来。

在传统的或电子表格处理过程中,必须处理所有烦琐的细节:声明、数据类型、数据大小等。现在,MATLAB 会帮您搞定这些。您所要做的,就是为要解决的问题写一个表达式。这样,就不必切换工具、转换文件或重写应用程序,直接一步搞定。

下面为大家介绍两类常用的金融工具箱,可以在初始安装 MATLAB 的时候,进行勾选安装。

1. 数据科学和深度学习

（1）Deep Learning Toolbox

Deep Learning Toolbox™ 提供了一个用于通过算法、预训练模型和 App 来设计和实现深度神经网络的框架。可以使用卷积神经网络（ConvNet、CNN）和长短期记忆（LSTM）网络对图像、时序和文本数据执行分类和回归。可以使用自动微分、自定义训练循环和共享权重来构建网络架构,如生成对抗网络（GAN）和孪生网络。使用深度网络设计器,能够以图形方式设计、分析和训练网络。试验管理器可帮助您管理多个深度学习试验,跟踪训练参数,分析结果,并比较不同试验的代码。您可以可视化层激活,并以图形方式监控训练进度。

（2）Optimization Toolbox

Optimization Toolbox™ 提供了多个函数,这些函数可在满足约束的同时求出可最小化或最大化目标的参数。该工具箱包含适用于下列各项的求解器:线性规划（LP）、混合整数线性规划（MILP）、二次规划（QP）、二阶锥规划（SOCP）、非线性规划（NLP）、约束线性最小二乘、非线性最小二乘和非线性方程。

您可以用函数和矩阵来定义优化问题,也可以通过指定反映底层数学关系的变量表达式来定义。您可以使用目标函数和约束函数的自动微分来更快地获得更准确的解。

您也可以使用该工具箱提供的求解器求连续和离散问题的最优解,执行权衡分析,并将优化方法融入算法和应用中。该工具箱允许您执行设计优化任务,包括参数估计、分量选择和参数调整。它使您能够在投资组合优化、能源管理和交易以及生产规划等应用中找到最优解。

（3）Statistics and Machine Learning Toolbox

Statistics and Machine Learning Toolbox™ 提供了用于描述数据、分析数据以及为数据建模的函数和 App。您可以使用描述性统计量、可视化和聚类进行探索性数据分析，对数据进行概率分布拟合，生成进行蒙特卡罗模拟的随机数，以及执行假设检验。回归和分类算法允许您使用分类和回归学习器以交互方式，或使用 AutoML 以编程方式从数据做出推断并构建预测模型。

对于多维数据分析和特征提取，工具箱提供主成分分析（PCA）、正则化、降维和特征选择方法，使您能够识别具有最佳预测能力的变量。

工具箱提供有监督、半监督和无监督的机器学习算法，包括支持向量机（SVM）、提升决策树、k-均值和其他聚类方法。您可以应用部分依赖图和 LIME 等可解释性方法，并自动生成 C/C++ 代码用于嵌入式部署。许多工具箱算法可用于太大而无法放入内存的数据集。

2．计算金融学

（1）Financial Toolbox

Financial Toolbox™ 提供金融数据的数学建模和统计分析功能。在考虑到周转率、交易成本、半连续约束，以及最小或最大的资产数量的情况下，可以使用该工具箱对投资组合进行分析、回顾和优化。

随机微分方程（SDE）工具可以让你建模和模拟各种随机过程。时间序列分析函数允许您对丢失的数据执行转换或回归，并在不同的交易日历和天数约定之间进行转换。

（2）Financial Instruments Toolbox

Financial Instruments Toolbox™ 提供了定价、建模、对冲和分析现金流、固定收益证券和衍生工具（包括股票、利率、信贷和能源工具）的功能。

对于利率工具，你可以计算各种类型的工具的价格、收益、价差和敏感性值，包括可转换债券，抵押贷款支持证券，国库券，债券，掉期，上限，下限和浮动利率票据。

对于衍生工具，可以使用二项式树、三项式树、移位 SABR、赫斯顿、蒙特卡罗模拟等模型来计算价格、隐含波动率。

您还可以连接到 Numerix® 交叉资产集成层，为固定收益证券、场外衍生品、结构性产品和可变年金产品进行估值和风险管理。

（3）Econometrics Toolbox

Econometrics Toolbox™ 提供分析和建模时间序列数据的功能。它为模型选择提供了广泛的可视化和诊断，包括对自相关和异方差、单位根和平稳性、协整、因果关系和结构变化的检验。

您可以使用各种建模框架来估计、模拟和预测经济系统。这些框架包括回归、ARIMA、状态空间、GARCH、多元 VAR 和 VEC，以及切换模型。工具箱还提供了贝叶斯工具，用于开发从新数据中学习的时变模型。

（4）Risk Management Toolbox

Risk Management Toolbox™ 提供信贷和市场风险的数学建模和仿真功能。您可以为违约的概率建模，创建信用记分卡，执行信用组合分析，并通过回测模型来评估潜在的财务损失。工具箱可以让你评估公司和消费者信贷风险以及市场风险。它包括一个应用程序自动和手动收纳变量的信用记分卡。它还包括模拟工具，以分析信贷组合风险和回溯测试工具，以评估风险价值(VaR)和预期损失(ES)。

即测即练　扫码答题

第 3 章

数据的基本处理

MATLAB 作为一门功能强大同时又简单易学的计算语言,支持一系列基础的矩阵运算,比 C/C++等主流高级语言的运行效率更高,可以给金融领域的计算带来巨大帮助。

因此本章将向读者介绍 MATLAB 的基本的数据类型以及如何去处理它们,使之更好地为我们所用。学习思路导图如图 3-1 所示。

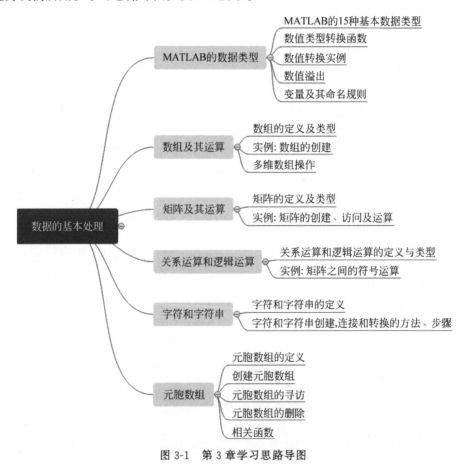

图 3-1　第 3 章学习思路导图

3.1　MATLAB 的数据类型

3.1.1　MATLAB 的 15 种基本数据类型

每种数据类型都存储矩阵或数组形式的数据。通过 MATLAB,我们可以使用其自带函数,将一种数据类型转换为另一种数据类型,完成一系列基本计算,提高效率。在 MATLAB 中,默认的数值类型是:双精度浮点型(double)。表 3-1 给出了 MATLAB 的 15 种基本数据类型。

表 3-1　MATLAB 的 15 种基本数据类型

数 据 类 型	描　　　述
int8	8 位有符号整数
uint8	8 位无符号整数
int16	16 位有符号整数
uint16	16 位无符号整数
int32	32 位有符号整数
uint32	32 位无符号整数
int64	64 位有符号整数
uint64	64 位无符号整数
single	单精度浮点型
double	双精度浮点型
logical	逻辑型:逻辑值为 1 或 0,分别代表 true 和 false
char	字符串型(字符串作为字符向量存储)
cell	单元数组型
struct	结构体类型
function_handle	函数句柄型

3.1.2　数据类型转换函数

表 3-2 给出了基本的数据类型转换函数。

表 3-2　基本的数据类型转换函数

函　　　数	描　述　说　明
char	转换为字符数组(字符串)
int2str	将整数数据转换为字符串
mat2str	将矩阵转换为字符串
num2str	将数字转换为字符串
str2double	将字符串转换为双精度值
str2num	将字符串转换为数字
bin2dec	将二进制数字串转换为十进制数
dec2bin	将十进制转换为字符串中的二进制数

函　　数	描 述 说 明
dec2hex	将十进制转换为十六进制数字
hex2dec	将十六进制数字字符串转换为十进制数
hex2num	将十六进制数字字符串转换为双精度数字
num2hex	将单数转换为 IEEE 十六进制字符串
cell2mat	将单元格数组转换为数组
cell2struct	将单元格数组转换为结构数组
cellstr	从字符数组创建字符串数组
mat2cell	将数组转换为具有潜在不同大小的单元格的单元阵列
num2cell	将数组转换为具有一致大小的单元格的单元阵列
struct2cell	将结构转换为单元格数组

3.1.3　数据转换实例

例 3-1　有符号整数

```
a1 = int8( - 5)
```

```
a1 =  int8
    - 5
```

例 3-2　无符号整数

```
a2 = uint16( - 34)
```

```
a2 =  uint16
   0
```

例 3-3　单精度浮点数

```
a3 = single(6.6)
```

```
a3 =  single
      6.6
```

例 3-4　逻辑型

```
a4 = true
```

```
a4 =  logical
   1
```

例 3-5　单元数组

```
b1{2,1} = 1000
```

b1 = 2×1 cell

	1
1	[ ]
2	1000

例 3-6　字符串类型

```
b2 = 'helloooooo'
```

b2 = 'helloooooo'

例 3-7　结构体类型

```
b3.name = 'Hu'
```

b3 = 包含以下字段的 *struct*:
   name: 'Hu'

例 3-8　函数句柄

```
c = @sin
```

c = 包含以下值的 *function_handle*:
   @sin

3.1.4　数值溢出

数值溢出是指计算机中表示数据的格式限制了数值的表示范围,如十六位无符号整型数据的表示范围是从 0 到 $2^{16}-1$,如果用这种数据格式表示 2^{16},结果就要溢出,它比 16 位无符号整型数据所能表示的最大数值还大。

例 3-9　假设 a=100;b=100;c=100;a,b,c 都是 uint8 数值类型的,求 a,b,c 三个数的和。

```
a = uint8(100),b = uint8(100),c = uint8(100)
```

a = uint8
   100
b = uint8
   100
c = uint8

```
       100
```

```
   d = a+b+c      %加和溢出了,上限是 255
```

```
   d = uint8
       255
```

```
   %分别将 a,b,c 转化为 double 型数据再次求和
   aa = double(a), bb = double(b), cc = double(c)
```

```
   aa = 100
   bb = 100
   cc = 100
```

```
   e = aa+bb+cc      %结果正确,数据没有溢出
```

```
   e = 300
```

3.1.5　变量及其命名规则

首先,变量名必须是一个单一的词,不能包含空格,它是数值计算的基本单元。与 C 语言等高级语言不同,MATLAB 的变量无须提前声明定义,一个变量以其在第一次合法命令中出现而定义。同时 MATLAB 中不允许运算表达式中含有未定义的变量。

另外其命名必须符合下列规则:

(1) 变量名区分大小写。如 pi 和 Pi 是两个不同的变量。在命令窗口中输入如下的命令,查看其结果。

(2) 变量名长度不超过 31 个字符,超过的部分将会被忽略。

(3) 变量名必须以英文字母开始,其后可以为字母、数字或者下划线。MATLAB 中的变量名不支持其他符号,因为其他符号在 MATLAB 中具有特殊的意义。

(4) 某些常量也可以作为变量使用,比如 i,既可以在 MATLAB 中作为虚数单位,也可以当作变量 i 使用。

请读者注意,常量是指那些在 MATLAB 中已预先定义其数值的变量,比如:pi(圆周率)、ans(默认变量名,以应答最近一次操作运算结果)等。

不符合变量规则的例子包括:???、for、while、break、continue 等。

3.2　数组及其运算

3.2.1　数组的定义及类型

所谓"数组",就是相同数据类型的元素按照一定顺序排列的集合。事实上在 MATLAB 中,任何变量都是以数组形式进行存储和运算的。

数组的类型:

（1）空数组（没有任何元素）；

（2）只有一个元素的标量（一行一列的数组）；

（3）一维数组（只有一行或者一列元素的向量）；

（4）二维数组（即普通的具有多行多列元素的数组）；

（5）多维数组（除了行、列两个维度，还含有页等维度）。

3.2.2　实例：数组的创建

例 3-10　空数组

```
A = [ ]
```

```
A =

    [ ]
```

例 3-11　一维数组

```
A = [1,2,3]
```

```
A = 1×3
       1    2    3
```

```
A = [1;2;3]
```

```
A = 3×1
       1
       2
       3
```

例 3-12　等差数组 & 等比数组

```
A = 1:2:10
```

```
A = 1×5
       1    3    5    7    9
```

```
%等差数组,不指定中间的数时,默认为1
A = 1:10
```

```
A = 1×10
       1    2    3    4    5    6    7    8    9    10
```

```
%等差数组,第一个参数是起始点,第二个参数是终点,第三个参数是数组内元素总个数。不指
定 n 时,n 默认为100
A = linspace(1,10,5)
```

```
A = 1×5
        1.0000    3.2500    5.5000    7.7500    10.0000
```

```
% 产生从 10 的'第一个参数'的次方到 10 的'第二个参数'的次方的 n 个等比一维数组。不指定
n 时,n 默认为 50
A = logspace(0,log10(64),7)
```

```
A = 1×7
        1.0000    2.0000    4.0000    8.0000    16.0000    32.0000    64.0000
```

例 3-13　二维数组的创建

```
A = [1:5;linspace(1,10,5);1 5 6 7 8]
```

```
A = 3×5
        1.0000    2.0000    3.0000    4.0000    5.0000
        1.0000    3.2500    5.5000    7.7500    10.0000
        1.0000    5.0000    6.0000    7.0000    8.0000
```

例 3-14　使用低维数组创建高维数组

```
A = magic(3)
```

```
A = 3×3
        8    1    6
        3    5    7
        4    9    2
```

```
A2(:,:,1) = A;
A2(:,:,2) = 2*A;
A2(:,:,3) = 3*A;
A2
```

```
A2 =
A2(:,:,1) =
        8    1    6
        3    5    7
        4    9    2

A2(:,:,2) =
        16     2    12
         6    10    14
         8    18     4

A2(:,:,3) =
        24     3    18
         9    15    21
        12    27     6
```

例 3-15　使用 cat 函数创建三维数组

```
% A = cat(dim,A1,A2,A3 … … ),dim 是创建数组的维度,A1,A2,A3...表示各个维度上的数组。
A = magic(3); % 使用创建函数创建数组
C = cat(3,A,2 * A,3 * A)
```

```
C =
C( :,:,1) =
      8    1    6
      3    5    7
      4    9    2

C( :,:,2) =
     16    2   12
      6   10   14
      8   18    4

C( :,:,3) =
     24    3   18
      9   15   21
     12   27    6
```

例 3-16　使用 repmat 函数复制并堆砌数组

```
% C = repmat(A,[m,n,p]),复制并堆砌数组。A 是被复制的数组模块,m、n、p 分别为该数组模块
在列、行、页上的复制次数。
A = magic(3); % 使用创建函数创建数组
C = repmat(A,[3,2,1])
```

```
C = 9 × 6
      8    1    6    8    1    6
      3    5    7    3    5    7
      4    9    2    4    9    2
      8    1    6    8    1    6
      3    5    7    3    5    7
      4    9    2    4    9    2
      8    1    6    8    1    6
      3    5    7    3    5    7
      4    9    2    4    9    2
```

例 3-17　使用标准数组命令创建低维标准数组

```
A = zeros(2,3)
```

```
A = 2 × 3
      0    0    0
      0    0    0
```

```
B = ones(2,3)
```

```
B = 2×3
     1    1    1
     1    1    1
```

```
C = eye(4)
```

```
C = 4×4
     1    0    0    0
     0    1    0    0
     0    0    1    0
     0    0    0    1
```

```
% 产生一个 n * n 维数列,数值从 1~2 的 n 次方。而且每行、每列之和都相等。
D = magic(3)
```

```
D = 3×3
     8    1    6
     3    5    7
     4    9    2
```

例 3-18　使用 randn 函数创建随机数字数组

```
% randn(n)返回一个 n * n 矩阵,这些数字正态随机分布
randn(3)
```

```
ans = 3×3
   - 0.8637   - 1.1135   - 0.7697
     0.0774   - 0.0068     0.3714
   - 1.2141     1.5326   - 0.2256
```

```
% randn(m,n)产生一个 m 行 n 列的数组,数组中的数字正态随机分布
rand(3,3)
```

```
ans = 3×3
     0.7513    0.6991    0.5472
     0.2551    0.8909    0.1386
     0.5060    0.9593    0.1493
```

3.2.3　多维数组操作

1. 属性查看

例 3-19　size 函数和 ndims 函数

```
% size(A)可以按照行、列、页的顺序,返回 A 在每一维上的大小。
```

```
% ndims(A)则返回 A 的维度值。
A = [2;3]
```

```
A = 2×1
     2
     3
```

```
size(A)
```

```
ans = 1×2
     2     1
```

```
ndims(A)
```

```
ans = 2
```

2. 多维数组的索引：多下标索引和单下标索引

多下标索引：用数组/冒号代表其中一维，则可以访问多个元素。

例 3-20

```
A = magic(3);        %使用创建函数创建数组
C = cat(3,A,2 * A,3 * A)
```

```
C =
C(:,:,1) =
     8     1     6
     3     5     7
     4     9     2

C(:,:,2) =
    16     2    12
     6    10    14
     8    18     4

C(:,:,3) =
    24     3    18
     9    15    21
    12    27     6
```

```
A2(:,:,2)        %多下标索引
```

```
ans = 3×3
    16     2    12
     6    10    14
     8    18     4
```

```
A2(2,2,2)        % 单下标索引
```

```
ans = 10
```

3. 多维数组之形状的重新排列

reshape 函数：C＝reshape(A,m,n)是把 A 重新排列成 m 行 n 列的新数组并赋值给 C，当 m 和 n 其一的值确定的时候，另一个值可以取[ ]，函数将自动计算。

例 3-21　reshape 函数

```
A = rand(4,3)
```

```
A = 4×3
      0.2575    0.2435    0.2511
      0.8407    0.9293    0.6160
      0.2543    0.3500    0.4733
      0.8143    0.1966    0.3517
```

```
B = reshape(A,2,[ ])
```

```
B = 2×6
      0.2575    0.2543    0.2435    0.3500    0.2511    0.4733
      0.8407    0.8143    0.9293    0.1966    0.6160    0.3517
```

4. 多维数组的数学计算

例 3-22　sum 函数、mean 函数、eig 函数

```
A = ones(3)
```

```
A = 3×3
      1    1    1
      1    1    1
      1    1    1
```

```
B = mean(A)
```

```
B = 1×3
      1    1    1
```

```
C = sum(A)
```

```
C = 1×3
      3    3    3
```

```
D = sin(A)
```

```
D = 3×3
        0.8415      0.8415      0.8415
        0.8415      0.8415      0.8415
        0.8415      0.8415      0.8415
```

```
% 求 A 得所有特征值,构成向量 E.这里的 A 必须是二维数组。
E = eig(A)
```

```
E = 3×1
     −0.0000
     −0.0000
      3.0000
```

3.3　矩阵及其运算

3.3.1　矩阵的定义及类型

在 MATLAB 中,所有的计算都是以矩阵为单元核心进行计算的,因此了解并学会矩阵对掌握 MATLAB 至关重要。

在数学上,定义 $m \times n$ 个数 $a_{ij}(i=1,2,\cdots,m;j=1,2,\cdots,n)$ 排成的 m 行 n 列的数表示为 m 行 n 列的矩阵,并且用大写加粗黑色字母表示。记作:

$$\boldsymbol{A} = \begin{bmatrix} a_{11} & a_{12} & \cdots & a_{1n} \\ a_{21} & a_{22} & \cdots & a_{2n} \\ a_{31} & a_{32} & \cdots & a_{3n} \\ \cdots & \cdots & \ddots & \cdots \\ a_{m1} & a_{m2} & \cdots & a_{mn} \end{bmatrix}$$

元素是实数的矩阵称为实矩阵,元素是复数的矩阵称为复矩阵。而行数与列数都等于 n 的矩阵称为 n 阶矩阵或 n 阶方阵。此外,矩阵的类型还包括对角矩阵、分块矩阵等类型,恕本书不再在此赘述。

3.3.2　实例:矩阵的创建、访问及运算

1. 矩阵的创建

同数组差不多,矩阵的创建的方法比较简单,我们在 MATLAB 中输入如下代码:x=[2 4 6 8 10]即可创建数组。数据之间使用空格或者逗号隔开,x=[2,4,6,8,10]可创建同样的数组。

例 3-23 矩阵的创建

```
x = [2 4 6 8 10]
```

```
x = 1 × 5
      2    4    6    8    10
```

```
x = [2,4,6,8,10]
```

```
x = 1 × 5
      2    4    6    8    10
```

2. 矩阵的访问

例 3-24 矩阵的访问

```
A = rand(4,3) % 创建矩阵
```

```
A = 4 × 3
      0.8308    0.2858    0.5678
      0.5853    0.7572    0.0759
      0.5497    0.7537    0.0540
      0.9172    0.3804    0.5308
```

```
% 将二维矩阵 A 重组为一维数组,返回数组中第一个元素
A(1)
```

```
ans = 0.8308
```

```
% 返回二维矩阵 A 中第 1 列 列向量
A(:,1)
```

```
ans = 4 × 1
      0.8308
      0.5853
      0.5497
      0.9172
```

```
% 返回二维矩阵 A 中第 1 行 行向量
A(1,:)
```

```
ans = 1 × 3
      0.8308    0.2858    0.5678
```

```
% 返回二维矩阵 A 中第 1 列到第 2 列 列向量组成的子矩阵
A(:,1:2)
```

```
ans = 4 × 2
        0.8308    0.2858
        0.5853    0.7572
        0.5497    0.7537
        0.9172    0.3804
```

> % 返回二维矩阵 A 中第 1 行到第 2 行 行向量组成的子矩阵
> A(1:2,:)

```
ans = 2 × 3
        0.8308    0.2858    0.5678
        0.5853    0.7572    0.0759
```

> % 返回二维矩阵 A 中第 1 行到第 2 行 行向量和第 2 列到第 3 列 列向量的交集组成的子矩阵
> A(1:2,2:3)

```
ans = 2 × 2
        0.2858    0.5678
        0.7572    0.0759
```

> % 将二维矩阵 A 中得每列合并成一个列向量
> A(:)

```
ans = 12 × 1
        0.8308
        0.5853
        0.5497
        0.9172
        0.2858
        0.7572
        0.7537
        0.3804
        0.5678
        0.0759
          ⋮
```

> % 返回一个行向量,其元素为 A(:)中的第 1 个元素到第 2 个元素
> A(1:2)

```
ans = 1 × 2
        0.8308    0.5853
```

> % 返回一个行向量,其元素为 A(:)中的第 1,2… 个元素
> A([1 2])

```
ans = 1 × 2
        0.8308    0.5853
```

```
% 返回矩阵 A 的第 1 列、第 2 列等的列向量
A(:,[ 1 2 ])
```

```
ans = 4 × 2
        0.8308      0.2858
        0.5853      0.7572
        0.5497      0.7537
        0.9172      0.3804
```

```
% 返回矩阵 A 的第 1 行、第 2 行等的行向量
A([ 1 2 ],:)
```

```
ans = 2 × 3
        0.8308      0.2858      0.5678
        0.5853      0.7572      0.0759
```

```
% 返回矩阵 A 的第 1 列、第 2 列等和矩阵 A 的第 1 行、第 2 行等的元素
A([ 1 2 ],[ 1 2 ])
```

```
ans = 2 × 2
        0.8308      0.2858
        0.5853      0.7572
```

3. 矩阵的最大/最小值的定位

例 3-25 矩阵的最大/最小值的定位

```
A = rand(4,3)  % 创建矩阵
```

```
A = 4 × 3
        0.7792      0.4694      0.7943
        0.9340      0.0119      0.3112
        0.1299      0.3371      0.5285
        0.5688      0.1622      0.1656
```

```
[max_A,index] = max(A,[ ],1)
```

```
max_A = 1 × 3
        0.9340      0.4694      0.7943
index = 1 × 3
        2      1      1
```

```
[max_A,index] = max(A,[ ],2)
```

```
max_A = 4 × 1
        0.7943
```

```
        0.9340
        0.5285
        0.5688
index = 4×1
        3
        1
        3
        1
```

```
[min_A,index] = min(A,[ ],1)
```

```
min_A = 1×3
        0.1299    0.0119    0.1656
index = 1×3
        3    2    4
```

```
[min_A,index] = min(A,[ ],2)
```

```
min_A = 4×1
        0.4694
        0.0119
        0.1299
        0.1622
index = 4×1
        2
        2
        1
        2
```

4. 矩阵的合并

例 3-26　矩阵的合并

```
A = rand(4,3) % 创建矩阵
```

```
A = 4×3
        0.6020    0.7482    0.9133
        0.2630    0.4505    0.1524
        0.6541    0.0838    0.8258
        0.6892    0.2290    0.5383
```

```
B = rand(4,3)
```

```
B = 4×3
        0.9961    0.9619    0.8687
        0.0782    0.0046    0.0844
        0.4427    0.7749    0.3998
```

```
        0.1067    0.8173    0.2599
```

```
% 矩阵 A,B 左右合并
horzcat(A,B)
```

```
ans = 4×6
        0.6020    0.7482    0.9133    0.9961    0.9619    0.8687
        0.2630    0.4505    0.1524    0.0782    0.0046    0.0844
        0.6541    0.0838    0.8258    0.4427    0.7749    0.3998
        0.6892    0.2290    0.5383    0.1067    0.8173    0.2599
```

```
% 矩阵 A,B 上下合并
vertcat(A,B)
```

```
ans = 8×3
        0.6020    0.7482    0.9133
        0.2630    0.4505    0.1524
        0.6541    0.0838    0.8258
        0.6892    0.2290    0.5383
        0.9961    0.9619    0.8687
        0.0782    0.0046    0.0844
        0.4427    0.7749    0.3998
        0.1067    0.8173    0.2599
```

5. 矩阵的运算

例 3-27 矩阵的运算

```
A = rand(4,3)  % 创建矩阵
```

```
A = 4×3
        0.7317    0.2963    0.1835
        0.6477    0.7447    0.3685
        0.4509    0.1890    0.6256
        0.5470    0.6868    0.7802
```

```
B = rand(4,3)
```

```
B = 4×3
        0.0811    0.4359    0.5108
        0.9294    0.4468    0.8176
        0.7757    0.3063    0.7948
        0.4868    0.5085    0.6443
```

```
% 表示矩阵 A 和矩阵 B 相加(各个元素对应相加)
A + B
```

```
ans = 4×3
      0.8128    0.7322    0.6943
      1.5771    1.1915    1.1861
      1.2266    0.4953    1.4204
      1.0338    1.1953    1.4245
```

```
% 表示矩阵 A 和矩阵 B 相减(各个元素对应相减)
A － B
```

```
ans = 4×3
      0.6506   － 0.1395   － 0.3273
    － 0.2816    0.2979   － 0.4491
    － 0.3248  － 0.1174   － 0.1692
      0.0602    0.1783    0.1359
```

```
% 表示矩阵 A 和矩阵 B 对应元素相乘(点乘)
A. ＊ B
```

```
ans = 4×3
      0.0594    0.1292    0.0937
      0.6020    0.3327    0.3013
      0.3498    0.0579    0.4973
      0.2663    0.3492    0.5027
```

```
% 表示矩阵 A 和矩阵 B 对应元素相除(点除)
A. /B
```

```
ans = 4×3
      9.0196    0.6799    0.3593
      0.6970    1.6668    0.4507
      0.5813    0.6168    0.7871
      1.1237    1.3506    1.2109
```

```
% 表示矩阵 A 的每个元素的 B 次幂
A.^B
```

```
ans = 4×3
      0.9750    0.5885    0.4206
      0.6679    0.8766    0.4421
      0.5391    0.6002    0.6888
      0.7455    0.8261    0.8522
```

6. MATLAB 常用特殊矩阵的生成函数

MATLAB 常用特殊矩阵的生成函数见表 3-3。

表 3-3　**MATLAB** 常用特殊矩阵的生成函数

零矩阵	zeros(m)：产生 mm 零矩阵。 zeros(m,n)：产生 mn 零矩阵。 zeros(size(A))：产生与矩阵 A 同样大小的零矩阵。
全 1 矩阵	ones(m)：产生 mm 全 1 矩阵。 ones(m,n)：产生 mn 全 1 矩阵。 ones(size(A))：产生与矩阵 A 同样大小的全 1 矩阵。
对角线为 1 的矩阵	eye(m)：产生 mm 的单位矩阵。 eye(m,n)：产生 mn 的对角线为 1 的矩阵。 eye(size(A))：产生与矩阵 A 同样大小的对角线为 1 矩阵。
随机矩阵	rand(m)：产生 mm 的(0,1)区间里均匀分布的随机矩阵。 randn(m)：产生 mm 的均值为 0,方差为 1 的标准正态分布随机矩阵。
魔方矩阵	magic(m)：产生 m 阶的魔方矩阵
范德蒙矩阵	vander(V)：产生以 V 为基础的范德蒙矩阵。
希尔伯特矩阵	Hilb(V)：产生以 V 为基础的希尔伯特矩阵。
伴随矩阵	company：产生以 p 为基础的伴随矩阵。其中 p 是多项式的向量。
帕斯卡矩阵	pascal(n)：生成一个 n 阶帕斯卡矩阵。
对角阵	diag(A)：提取矩阵 A 主对角线元素,产生一个列向量。 diag(A,k)：提取矩阵 A 第 k 条对角线元素,产生一个列向量。 diag(V)：以向量 V 为对角线元素,产生对角矩阵。 diag(V,k)：以向量 V 为第 k 条对角线元素,产生对角矩阵。
三角阵	triu(A)：提取矩阵 A 的主对角线以上的元素。 triu(A,k)：提取矩阵 A 的第 k 条对角线以上的元素。 tril(A)：提取矩阵 A 的主对角线以下的元素。 tril(A,k)：提取矩阵 A 的第 k 条对角线以下的元素。 转置运算符是 A.',共轭转置是 A'。

7. MATLAB 常用特殊矩阵的运算函数

MATLAB 常用特殊矩阵的运算函数见表 3-4。

表 3-4　**MATLAB** 常用特殊矩阵的运算函数

矩阵的旋转	Rot90(A,k)：将矩阵 A 逆时针方向旋转 90°的 k 倍,k 可省略。
矩阵的翻转	fliplr(A)：对矩阵 A 实施左右翻转。 flipud(A)：对矩阵 A 实施上下翻转。
矩阵的求逆	inv(A)：求方阵 A 的逆矩阵。
行列式的求值	det(A)：求方阵 A 所对应的行列式的值。
矩阵的求秩	rank(A)：求矩阵 A 的秩。
矩阵的求迹	trace(A)：求矩阵的迹。

3.4　关系运算和逻辑运算

3.4.1　关系运算和逻辑运算的定义与类型

在 MATLAB 中,关系运算与逻辑运算都是针对元素的操作,运算结果是特殊的逻辑数组。在逻辑分析时,逻辑真用 1 表示,逻辑假用 0 表示,和 C 语言中逻辑运算一样,逻辑运算中所有的非零元素作为 1 处理。

1. 关系运算符

用来比较两个数之间的大小关系,见表 3-5。

表 3-5　MATLAB 中的关系运算符

符　号	功　能	符　号	功　能
<	小于	>=	大于或等于
<=	小于或等于	==	等于
>	大于	~=	不等于

2. 运算法则

(1) 当两个变量是标量的时候,则执行简单的算术运算法则。

(2) 当一个为矩阵或者数组,另一是标量的时候,标量与矩阵或者数组中的每个元素进行关系运算。

(3) 当两个输入都是矩阵或者数组的时候,对应元素行关系运算。要求输入必须是维数相同的数组或者矩阵。

注:关系运算的输出是"与输入维数"相同的矩阵或者数组,它的元素是 0 或 1。

3. 逻辑运算符和逻辑函数

元素级的逻辑运算符用于对标量或矩阵元素进行逻辑运算,得到一个结果标量或结果矩阵,见表 3-6。

表 3-6　元素级逻辑运算符及功能

符　号	功　能
a&b	与运算,两标量或两元素均非 0 则返回 1,否则返回 0。注意,在 if 条件语句中,两个表达式的与操作用 &&。
a&&b	与运算,只适用于标量。当 a 的值为假时,则忽略 b 的值。
a|b	或运算,两标量或者两元素至少有一个是非 0 则返回 1,否则返回 0。在条件语句中,两个表达式的或用 ||。
a||b	或运算,只适用于标量。a||b,当 a 的值为真时,则忽略 b 的值。
~a	非运算,对作用的标量或矩阵元素求补,如果标量或者矩阵元素为 0,则结果为 1;如果标量或矩阵元素不为 0,则结果为 0。
xor(a,b)	异或运算,两标量或两元素均非 0 或均为 0 则返回 0,否则返回 1。

4．按位操作的逻辑函数

按位操作的逻辑运算符作用在非负两个或一个整数上。运算时，先将整数参数转换成二进制比特串形式，然后按位操作。比特级的逻辑函数如表 3-7 所示。

表 3-7　比特级的逻辑函数

逻 辑 函 数	功　　能
bitand	对两个操作数按位与，例如 bitand(a,b)＝20(二进制 10100)。
bitor	对两个操作数按位或，例如 bitor(a,b)＝29(二进制 11101)。
bitxor	对两个操作数按位异或，例如 bitxor(a,b)＝9(二进制 01001)。

3.4.2　实例：矩阵之间的符号运算

例 3-28

```
A = rand(4,3) % 创建矩阵
```

```
A = 4×3
      0.3786    0.9390    0.5870
      0.8116    0.8759    0.2077
      0.5328    0.5502    0.3012
      0.3507    0.6225    0.4709
```

```
B = rand(4,3)
```

```
B = 4×3
      0.2305    0.1707    0.9234
      0.8443    0.2277    0.4302
      0.1948    0.4357    0.1848
      0.2259    0.3111    0.9049
```

```
A == B
```

```
ans = 4×3 logical 数组
      0    0    0
      0    0    0
      0    0    0
      0    0    0
```

```
A > B
```

```
ans = 4×3 logical 数组
      1    1    0
      0    1    0
      1    1    1
```

```
          1     1     0
```

A <= B

```
ans = 4×3 logical 数组
      0     0     1
      1     0     1
      0     0     0
      0     0     1
```

A & B

```
ans = 4×3 logical 数组
      1     1     1
      1     1     1
      1     1     1
      1     1     1
```

A	B

```
ans = 4×3 logical 数组
      1     1     1
      1     1     1
      1     1     1
      1     1     1
```

～A

```
ans = 4×3 logical 数组
      0     0     0
      0     0     0
      0     0     0
      0     0     0
```

xor(A,B)

```
ans = 4×3 logical 数组
      0     0     0
      0     0     0
      0     0     0
      0     0     0
```

例 3-29

```
a = 28;  %（二进制 11100）
b = 21;  %（二进制 10101）
%  结果应为 20（二进制 10100）
bitand(a,b)
```

```
ans = 20
```

```
% 结果应为 29 (二进制 11101)
bitor(a,b)
```

```
ans = 29
```

```
% 结果应为 9(二进制 01001)
bitxor(a,b)
```

```
ans = 9
```

3.5　字符和字符串

在使用 MATLAB 进行编程时,经常需要进行字符和字符串创建、串联连接及在不同数据类型之间转换,本节在此讲述 MATLAB 中字符和字符串创建,连接和转换的方法、步骤。

3.5.1　字符和字符串的定义

字符和字符串是用于存储 MATLAB 中的文本数据的数组。

1. 字符数组

字符数组是一个字符序列,就像数值数组是数字序列一样。它的一个典型用途是将短文本片段存储为字符向量,如 a='Hello World'。

2. 字符串数组

字符串数组是文本片段的容器。字符串数组提供一组用于将文本处理为数据的函数。从 R2017a 开始,可以使用双引号创建字符串,例如 str="Hello World"。

3.5.2　字符和字符串创建,连接和转换的方法、步骤

例 3-30　创建字符串

```
str = 'nihao'
```

```
str = 'nihao'
```

例 3-31　创建有单引号的字符串

```
str2 = 'It''s good!'
```

```
str2 = 'It's good!'
```

```
whos
```

```
Name     Size        Bytes Class     Attributes

str      1x5          10    char
str2     1x10         20    char
```

例 3-32　字符串的串联连接

```
str3 = [str,' + ',str2]
```

```
str3 = 'nihao + It's good!'
```

例 3-33　使用 num2str( )函数将数字转换成字符串

```
str4 = num2str(777)
```

```
str4 = '777'
```

3.6　元 胞 数 组

3.6.1　元胞数组的定义

元胞数组,又称单元数组,是一种包含称为元胞的索引数据容器的数据类型。每个元胞可以包含任意类型的数据。

3.6.2　创建元胞数组

元胞数组的创建方法有 3 种:直接赋值法、利用函数 cell( )、利用{ }直接创建元胞数组的所有单元。

1.直接赋值法

通过赋值语句把值赋到元胞数组的一个单元中,但每一次赋值只能创建一个单元内容。直接赋值法有两种赋值方法:内容索引法(content indexing)和单元索引法(cell indexing)。

例 3-34　内容索引法

```
%内容索引法:赋值语句的左边用大括号{ }将标识单元的下标括起来,右边为单元的内容。
A{1,1} = 'HI';
A{1,2} = '1234';
A
```

```
A = 1×2 cell
  'HI'        '1234'
```

例 3-35   单元索引法

```
%单元索引法:赋值语句的左边用小括号( )将标识单元的下标括起来,右边用大括号将存储于
单元中的数据括起来。
A(1,1) = {'NIHAO'};
A(1,2) = {'5678'};
A
```

```
A = 1×2 cell
  'NIHAO'      '5678'
```

2. 函数 cell( )

利用函数 cell( )可以创建一个元胞数组,还可以规定其大小。

例 3-36   使用 cell 函数

```
%此即为创建了一个 3×2 的元胞数组。但这只是预定义了一个元胞数组,后面需要利用赋值法
对元胞的每个单元进行初始化值。
A = cell(3,2)
```

A = 3×2 cell

	1	2
1	[ ]	[ ]
2	[ ]	[ ]
3	[ ]	[ ]

```
A = {['This is'],[2555];[ ],eye(4)}
```

A = 2×2cell

	1	2
1	'This is'	2555
2	[ ]	4×4 double

3. 利用{}直接创建元胞数组

这是一种快捷的元胞数组创建方法,利用{ }可以直接快速地创建所需元胞数组。在大括号中一次列出所需创建元胞数组的内容,它们之间用逗号(,)隔开,行与行之间用分号(;)隔开,这样就可以创建一个已经初始化好的元胞数组。

例 3-37　利用{ }直接创建元胞数组

```
A = cell(1,4)
```

A = 1×4 cell

	1	2	3	4
1	[ ]	[ ]	[ ]	[ ]

3.6.3　元胞数组的寻访

在编程时,一个元胞数组的每一个单元都是一个指针,指向其他的数据结构,而这些数据结构可以是不同的数据类型。

通过( )访问 cell 数组时,访问到的是 cell 单元;通过{ }访问 cell 数组时,访问到的是 cell 单元储存的内容,通过 celldisp( )函数对元胞数组的所有内容进行寻访。

例 3-38　元胞数组的寻访

```
A = {'NIHAO',123,'456',[ ]}
```

A = 1×4 cell

	1	2	3	4
1	'NIHAO'	123	'456'	[ ]

```
% 访问到的是 cell 单元储存的内容
A{1,3}
```

ans = '456'

```
% 访问到的是 cell 单元
A(1,3)
```

ans = 1×1 cell 数组
        {'456'}

```
% 对元胞数组的所有内容进行寻访
celldisp(A)
```

A{1} =
NIHAO

A{2} =
        123

```
A{3} =
456

A{4} =
    [ ]
```

3.6.4 元胞数组的删除

元胞数组删除操作区别在于{ }和( )。

例 3-39 元胞数组的删除

```
a = {1,2,3}
```

a = 1×3 cell

	1	2	3
1	1	2	3

```
% 并不能删除第一个 cell 单元,只是变成空值
a{1} = [ ]
```

a = 1×3 cell

	1	2	3
1	[ ]	2	3

```
% 删除第一个单元
a(1) = [ ]
```

a = 1×2 cell

	1	2
1	2	3

```
% 一次性删除所有 cell 单元
a(:) = [ ]
```

```
a =
    空的 0×0 cell 数组
```

3.6.5 相关函数

相关转换函数见表 3-8。

表 3-8 相关转换函数表

函　数　名	功　　能
celldisp	显示元胞数组中所有的内容
cell	创建空的元胞数组
cellplot	利用图形方式显示内容
cell2mat	将数组转变为普通的矩阵
mat2cell	将数值矩阵转变为 cell 数组
num2cell	将数值数组转变为 cell 数组
cell2struct	将数组转变为结构
struct2cell	将结构转变为 cell 数组
iscell	判断输入是否为 cell 数组

即测即练　扫码答题

第 **4** 章

MATLAB 编程基础

MATLAB 可以通过编辑代码解决很多数学方面的运算问题,若需要重复执行一系列命令或希望将其保存供以后引用,可以将其存储在程序文件中。所以,学会 MATLAB 编程会给您很大的帮助。这里我们简单向大家介绍一下最基础的编程知识及操作技巧。学习思路导图如图 4-1 所示。

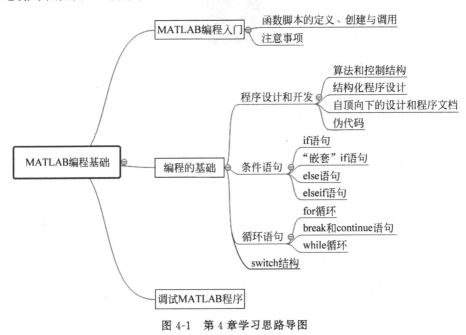

图 4-1　第 4 章学习思路导图

4.1　MATLAB 编程入门

4.1.1　函数脚本的定义、创建与调用

MATLAB 程序的最简单类型是脚本,其中包含一组命令,这些命令与您在命令行中键入的命令完全相同。

函数则是接受输入并返回输出的程序。

脚本和函数都允许您通过将命令序列存储在程序文件中来重用它们。函数提供的灵活性更大,因为您可以使用函数传递输入值并返回输出值。此外,函数能够避免在基础工作区中存储临时变量,并且运行速度比脚本更快。

1. 创建脚本/实时脚本/函数

步骤:单击软件的主页栏的"新建",在弹出的菜单中,会有脚本、实时脚本、函数这几种编辑文件供您选择,如图 4-2 所示。或者直接单击"新建脚本"/"新建实时脚本"的按钮也可以。

图 4-2　创建脚本/实时脚本/函数

(1)脚本,如图 4-3 所示。

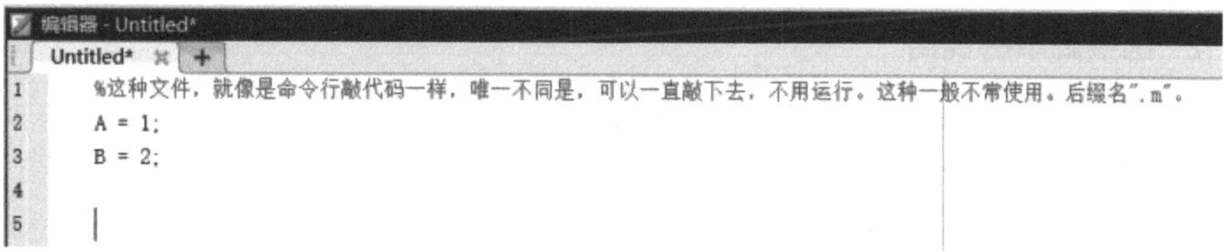

```
编辑器 - Untitled*
Untitled*    ✕    ＋
1    %这种文件,就像是命令行敲代码一样,唯一不同是,可以一直敲下去,不用运行。这种一般不常使用。后缀名".m"。
2    A = 1;
3    B = 2;
4
5    |
```

图 4-3　创建脚本

(2)实时脚本,如图 4-4 所示。

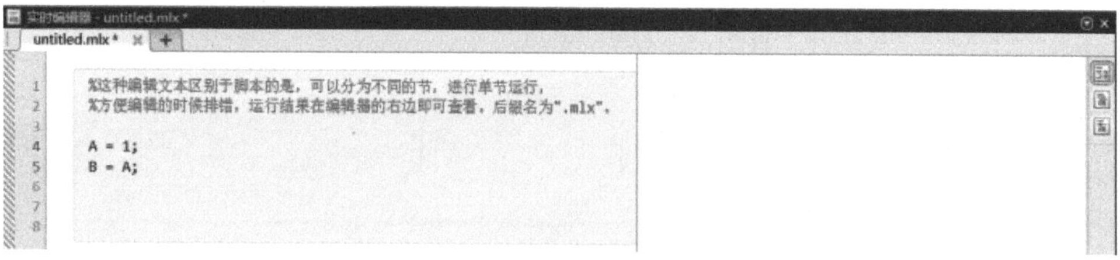

```
实时编辑器 - untitled.mlx *
untitled.mlx *    ✕    ＋
1    %这种编辑文本区别于脚本的是,可以分为不同的节,进行单节运行,
2    %方便编辑的时候排错,运行结果在编辑器的右边即可查看,后缀名为".mlx"。
3
4    A = 1;
5    B = A;
6
7
8
```

图 4-4　创建实时脚本

(3)函数,如图 4-5 所示。

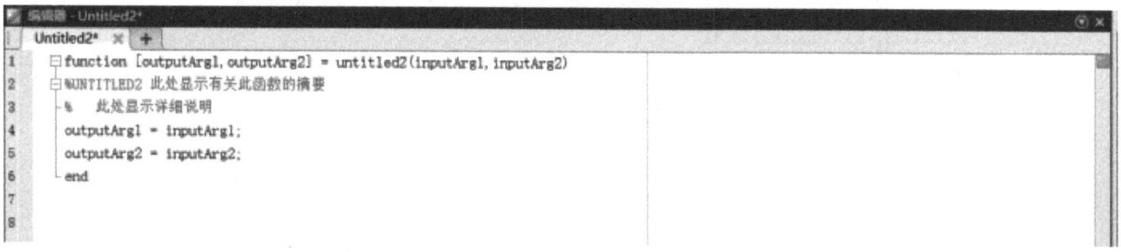

```
编辑器 - Untitled2*
Untitled2*    ✕    ＋
1    function [outputArg1,outputArg2] = untitled2(inputArg1,inputArg2)
2    %UNTITLED2 此处显示有关此函数的摘要
3    %    此处显示详细说明
4    outputArg1 = inputArg1;
5    outputArg2 = inputArg2;
6    end
7
8
```

图 4-5　创建函数

函数即通常说的 function 函数,这种编辑非常普遍,后缀名为".m"。

按"Ctrl+S"或者单击上方的"保存"按钮 按 即可保存。

注:一定要记住该函数的保存文件夹目录,调用的时候只有将其更改为 MATLAB 的工作目录后方能使用。

(4)匿名函数

匿名函数是不存储在程序文件中,但与数据类型是 function_handle 的变量相关的函数。匿名函数可以接受输入并返回输出,就像标准函数一样。但是,它们可能只包含一个可执行语句。

例 4-1　创建用于计算平方数的匿名函数的句柄。

```
% 变量 sqr 是一个函数句柄。@ 运算符创建句柄,@ 运算符后面的圆括号 ( ) 包括函数的输入参数。该匿名函数接受单个输入 x,并显式返回单个输出,即大小与包含平方值的 x 相同的数组。
sqr = @(x) x.^2;
% 通过将特定值 (5) 传递到函数句柄来计算该值的平方,与您将输入参数传递到标准函数一样。
a = sqr(5)
```

```
a = 25
```

2. 函数脚本的调用

继续使用上例中的函数 untitled2。

(1)调用函数

① 定位到当前函数所在文件夹目录,如图 4-6 所示。

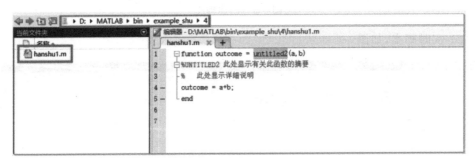

图 4-6　调用函数

② 在命令行窗口中输入 hanshu1(3,4)进行调用函数,返回结果 9,如图 4-7 所示。

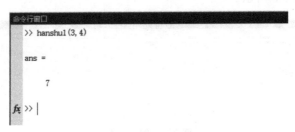

图 4-7　调用函数

（2）调用脚本

在当前目录下新建一个脚本，并写下调用该函数的代码：hanshu1（3,4），保存后如图 4-8 所示。

图 4-8　调用脚本

在命令行窗口输入 jiaoben 运行脚本文件之后，可以在命令行得出结果 7，如图 4-9 所示。

图 4-9　运行脚本

4.1.2　注意事项

1. 有效使用脚本文件

（1）脚本文件名必须满足 MATLAB 为变量命名的约定。（即名称必须以字母开头，可以包含数字和下划线字符，最多只可以有 31 个字符。）

（2）为脚本文件赋予的名称不要与其所计算的变量名称相同。

（3）为脚本文件赋予的名称要与 MATLAB 命令或者函数的名称都不相同。可用 exist 命令检查每一个命令、函数或文件名是否已经存在。

（4）在交互模式中，脚本文件所创建的所有变量都是全局变量。可用 who 命令查看现有的变量。通常每个 MATLAB 函数均有各自的局部变量，这些局部变量与其他函数的局部变量和基础工作区的局部变量是分开的。但是，如果多个函数都将特定的变量名称声明为 global，则它们都共享该变量的一个副本。对任何函数中对该变量的值做的任何更改，在将该变量声明为全局变量的所有函数中都是可见的。

（5）函数文件所创建的变量是该函数的局部变量。用户如果不必访问脚本文件中的所有变量，就需要考虑使用函数文件。这将避免用变量名"弄乱"工作空间，并将同时减少内存需求。

（6）在不使用文本编辑器打开 M-文件的情况下，用户可以使用 type 命令来查看文件的内容。

2.编程风格

推荐的脚本文件结构：

（1）注释部分

① 在第一行中放置程序名和任何关键词。

② 在第二行中放置创建的日期，以及创建者的姓名。

③ 每个输入和输出变量的变量名定义。

④ 程序中调用的每个用户自定义函数名称。

（2）输入部分：放置输入数据和/或输入函数，其允许输入数据。

（3）计算部分：放置计算。

（4）输出部分：放置那些以所需格式传递的输出函数。

3.记录度量单位，使用脚本文件存储数据

（1）必须为所有的输入变量和输出变量记录度量单位。

（2）可能会有一些应用程序要求用户频繁地访问同一组数据。如果是这样的话，用户可以将数组中的数据存储在一个脚本文件之中。

4.控制输入和输出，用户输入

（1）使用输入/输出命令。

（2）input 函数用以在屏幕上显示文本，等待用户从键盘输入某些内容，然后再将输入内容存储在指定变量之中。

例 4-2　x＝input(prompt)显示 prompt 中的文本并等待用户输入值后按 Return 键。

```
prompt = 'What is the original value? ';
x = input(prompt)
```

（3）使用 menu 函数可以产生一个选项菜单，用以供用户输入。表 4-1 给出了脚本基础命令及说明。

表 4-1　脚本基础命令及说明

命　　令	说　　明
disp(A)	显示数组 A 的内容，而不是数组的名称
disp('text')	显示单引号内部的文本串
format	控制屏幕输出的显示格式
fprintf	执行格式化地写入到屏幕或者写入到一个文件
x＝input('text')	显示单引号中的文本，等待用户从键盘输入，并且将输入值存储在 x 中
x＝input('text','s')	显示单引号中的文本，等待用户从键盘输入，并且将输入作为字符串存储在 x 中
K＝menu('title','option1','option2'…)	显示菜单，该菜单的名称在字符串变量'title'中，并且菜单的选项是'option1''option2'等

例 4-3　脚本文件

```
% 程序 Speed.m: 绘制一个下落物体的速度图形。
% 输入变量:
% time = 最终时间(单位为秒)

% 输出变量:
% t = 计算速度的时间数组(单位为秒)
% v = 速度数组(米/秒)

% 参数值:
g = 10;

% 输入部分:
time = input('Times: ');

% 计算部分:
dt = time /100;
t = [0:dt:time ]; % 创建一个有101个时间值的数组。
v = g * t;

% 输出部分:
plot(t,v),xlabel('Time (s)'),ylabel('Speed (m/s) ')
```

输出部分如图 4-10 所示。

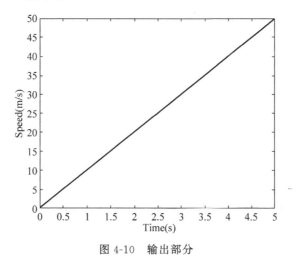

图 4-10　输出部分

4.2　编程的基础

4.2.1　程序设计和开发

1. 算法和控制结构

(1) 顺序运算。

（2）条件运算。

（3）迭代运算（循环）。

2．结构化程序设计

（1）编写结构化程序较容易。

（2）为一个应用编写的模块（函数）也可以用于其他的应用。

（3）调试结构化程序较容易。

（4）结构化程序设计在团队环境中非常有效。

（5）理解和修改结构化程序较容易。

3．自顶向下的设计和程序文档

（1）简明地陈述问题。

（2）指定程序所使用的数据，这就是"输入"。

（3）指定程序所产生的信息，这就是"输出"。

（4）通过手算或者计算器完成解决方案的步骤。如果需要的话，可以使用一个较简单的数据集。

（5）编写和运行程序。

（6）用手算结果检验程序的输出。

（7）用输入数据运行程序，并且对输出进行一个真实性检验。

（8）如果用户在将来使用该程序作为一个通用工具，那么，用户必须通过用一组合理的数据值来运行它以进行测试；并对结果进行一个真实性检验。

（9）结构图和流程图有助于开发结构化程序和记录它们。

（10）通过使用以下方法实现有效的文档记录：

① 合适地选择变量名，用以反映它们所代表的量。

② 在程序中使用注释。

③ 使用结构图。

④ 使用流程图。

⑤ 通常在伪代码中逐字地描述程序。

- 在伪代码中，使用自然语言和数学表达式构造一些类似计算机的语句语言，但是，其中并没有详细的语法。伪代码也可以使用一些简单的 MATLAB 语法来解释程序操作。
- 伪代码是对实际计算机代码的模仿。伪代码可以为程序内部的注释提供根据。除了提供文档记录之外，伪代码在编写详细代码之前对于一个程序轮廓所进行的描述也很有用。

例 4-4　伪代码

```
if 今天是晴天
    a = 1;
end
```

4.2.2　条件语句

1. if 语句

例 4-5　if 语句的基本形式

```
if 逻辑表达式
    语句
end
```

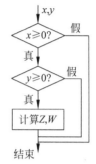

图 4-11　if 语句示意图

每条 if 语句必须伴随有一条 end 语句。end 语句标志着逻辑表达式为 true 时所要执行语句的结束。if 和逻辑表达式(其可以是一个标量、一个矢量或者一个矩阵)之间需要一个空格。

if 语句示意图如图 4-11 所示。

2. "嵌套"if 语句

例 4-6　"嵌套"if 语句

```
if 逻辑表达式 1
    语句组 1
    if 逻辑表达式 2
        语句组 2
    end
end
```

注意：每条 if 语句都尾随有一条 end 语句。

3. else 语句

例 4-7　else 语句

```
if 逻辑表达式
    语句组 1
else
    语句组 2
end
```

else 语句示意图如图 4-12 所示。

4. elseif 语句

例 4-8　elseif 语句

```
if 逻辑表达式 1
```

```
        语句组 1
elseif 逻辑表达式 2
        语句组 2
else
        语句组 3
end
```

如果不需要的话,也可以省略 else 和 elseif 语句。但是,如果都要使用的话,必须将 else 语句放在 elseif 语句的后面,其用于处理未加说明的所有条件。

elseif 语句示意图如图 4-13 所示。

注意:elseif 语句并不需要单独的 end 语句。

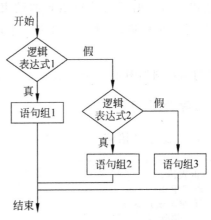

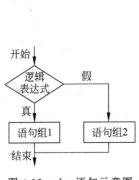

图 4-12　else 语句示意图

图 4-13　elseif 语句示意图

4.2.3　循环语句

1. for 循环

例 4-9　for 循环的典型结构

```
for 循环变量 = m:s:n
        语句
end
```

for 语句示意图如图 4-14 所示。

注意:for 语句需要伴随有一个 end 语句。end 语句标志着所要执行语句的结束。在 for 和 loop 变量(其可能是一个标量、一个矢量或者一个矩阵,但是到目前为止,标量是最常见的情况)之间需要一个空格。

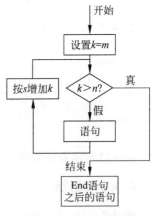

图 4-14　for 语句示意图

2. break 和 continue 语句

break 语句停止循环的执行。

continue 语句将把控制传递给那些它出现在其中的 for 或者 while 循环的下一次迭代之中,并同时跳过循环主体中的其他任何语句。在嵌套循环中,continue 将控制传递给关闭了 continue 语句的 for 或者 while 循环的下一次迭代。

例 4-10　break 语句

```
for k = 1:10
    x = 50 − k^2;
    if x < 0
        break
    end
    y = sqrt(x)
end
```

```
y = 7
y = 6.7823
y = 6.4031
y = 5.8310
y = 5
y = 3.7417
y = 1
```

例 4-11　continue 语句

```
x = [10,1000, − 10, 100];
y = NaN * x;
for k = 1:length(x)
    if x(k)< 0
        continue
    end
    y(k) = log10(x(k));
end
y
```

```
y = 1 × 4
    1    3    NaN    2
```

3. while 循环

例 4-12　while 循环的典型结构

```
while 逻辑表达式
    语句
end
```

要使 while 循环正常运行,必须发生以下这两个前提条件。

（1）在执行 while 语句之前,循环变量必须有一个值。

（2）语句必须以某种方式改变循环变量的值。

while 语句示意图如图 4-15 所示。

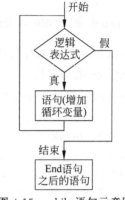

图 4-15　while 语句示意图

4.2.4　switch 结构

例 4-13　switch 结构

```
switch 输入表达式(标量或者字符串)
    case 值 1
        语句组 1
    case 值 2
        语句组 2
    …
    …
    …
    …
    otherwise
        语句组 n
end
```

MATLAB 将输入表达式与每个 case 值进行比较,如果它们的值相等,那么执行 case 语句滞后的那条语句,然后程序再继续执行 end 语句滞后的其他语句。

4.3　调试 MATLAB 程序

程序调试就是找出和删除程序中"故障"或者错误的过程。错误分两种：一是语法错误；二是运行错误。

MATLAB 的错误消息通常会使用户能够找到语法错误。当用户检查出运行错误,可以尝试以下方法：

（1）总是使用简单问题(其可以通过手算来检验答案)来测试程序。

（2）删除语句末尾的分号,用以显示任何一个中间计算结果。

（3）局部执行：如果希望对某一部分代码进行调试,则完全没有必要每次都从头运行,这时局部执行较方便。仍是这段代码,如果希望仅仅执行高亮部分,则可以用鼠标箭头选中并按 F9,此时程序仅仅运行高亮部分,可利用这个方法调试局部代码,如图 4-16 所示。

（4）断点调试方法：最经典的方法。下面给出常用快捷键：

① F12：设置/取消断点。

② F10：单步执行。

图 4-16　调试局部代码

③ F11：单步执行，且碰到 function 跳入函数内执行，F10 则不会跳入，这是二者的明显区别。

④ Shift＋F11：跳入 function 之后，通过该指令退出 function。

⑤ F5：执行相邻两次断点间的所有指令，如：断点在 for 循环中，则 F5 一次，循环执行一次。

⑥ Shift＋F5：退出断点调试。

（5）try＋（catch）＋end 语句：我们知道，MATLAB 的代码是按行执行的，如果运行的时候执行的行存在错误，则程序中断。try＋（catch）＋end 语句可以使得可能出错的代码被跳过不影响后面代码的继续执行，也可以检查、排查、解决程序的一些错误。

例 4-14　try＋（catch）＋end 语句

```
try
    statements
catch exception
    statements
end
```

即测即练

扫码答题

第 **5** 章

数据可视化处理

强大的绘图功能是 MATLAB 的特点之一，MATLAB 提供了一系列的绘图函数，所以用户不需要过多地考虑绘图的细节，只需要给出一些基本参数就能得到所需图形。本章将以实例介绍绘制二维和三维图形的绘图函数以及其他图形控制函数的使用方法。学习思路导图如图 5-1 所示。

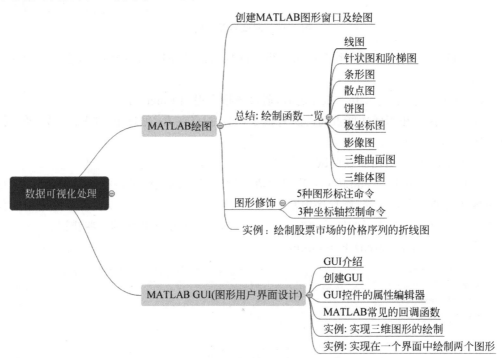

图 5-1　第 5 章学习思路导图

5.1　MATLAB 绘图

5.1.1　创建 MATLAB 图形窗口及绘图

1. 创建绘图：plot 函数

plot(X,Y)创建 Y 中数据对 X 中对应值的二维线图，如图 5-2 所示。

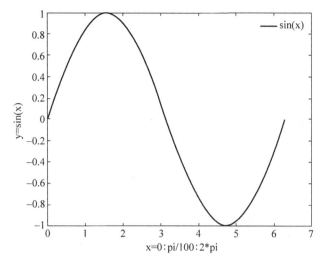

图 5-2　创建绘图：plot 函数

例 5-1　plot 函数

```
x = 0:pi/100:2 * pi;
y = sin(x);
plot(x,y)
xlabel('x = 0:pi/100:2 * pi')
ylabel('y = sin(x)')
legend('sin(x)')
```

2．在一幅图形中绘制多个数据集

通过调用一次 plot 函数，使用多个 x-y 对组的参数会创建多幅图形。其中，MATLAB 对每条线使用不同的颜色。

例 5-2　在一幅图形中绘制多个数据集，如图 5-3 所示。

```
x = 0:pi/100:2 * pi;
y = sin(x);
y2 = cos(x);
plot(x,y,x,y2)
xlabel('x = 0:pi/100:2 * pi')
ylabel('y = sin(x),y2 = cos(x)')
legend('sin(x)','cos(x)')
```

3．指定线型和颜色

使用 plot 命令绘制数据时，可以指定颜色、线型和标记（例如加号或圆圈）：

plot(x,y,'color_style_marker')

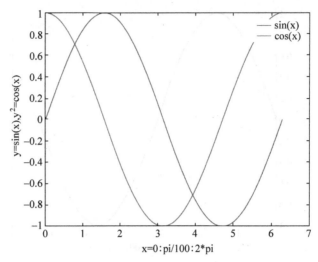

图 5-3　在一幅图形中绘制多个数据集

其中，color_style_marker 包含一至四个字符（包括在单引号中），这些字符根据线型、标记和颜色类型构造而成，如表 5-1、表 5-2 和表 5-3 所示。例如，使用红色点线绘制数据，并在每个数据点处放置一个＋标记。

表 5-1　color_style_marker 线型类型

线　　型	说　　明	线　　型	说　　明
-	实线（默认）	:	点线
--	虚线	-.	点划线

表 5-2　color_style_marker 标记类型

标　　记	说　　明	标　　记	说　　明
o	圆圈	^	上三角
＋	加号	v	下三角
*	星号	>	右三角
.	点	<	左三角
x	叉号	p	五角形
s	方形	h	六角形
d	菱形		

表 5-3　color_style_marker 颜色类型

颜　　色	说　　明	颜　　色	说　　明
y	黄色	g	绿色
m	品红色	b	蓝色
c	青蓝色	w	白色
r	红色	k	黑色

例 5-3　指定线型和颜色,如图 5-4 所示。

```
x = 0:pi/100:2 * pi;
y = sin(x);
plot(x,y,'r: + ')
xlabel('x = 0:pi/100:2 * pi')
ylabel('y = sin(x)')
legend('sin(x)')
```

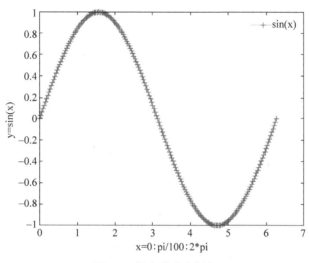

图 5-4　指定线型和颜色

4. 将绘图添加到现有图形中

hold 命令用于将绘图添加到现有图形中,如图 5-5 所示。

```
x = 0:pi/100:2 * pi;
y = sin(x);
plot(x,y,'r: + ')
% 创建一个线图。使用 hold on 添加第二个线图,而不删除已有的线图。
hold on
y2 = cos(x);
plot(x,y2)
% 将保留状态设置为 off,从而使新添加到坐标区中的绘图清除现有绘图并重置所有的坐标区
属性。添加到坐标区的下一个绘图基于坐标区的 ColorOrder 和 LineStyleOrder 属性使用第一
个颜色和线型。此选项为默认行为。
hold off
xlabel('x = 0:pi/100:2 * pi')
ylabel('y = sin(x),y2 = cos(x)')
legend('sin(x)','cos(x)')
```

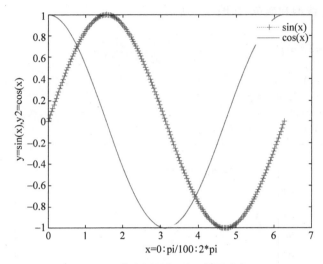

图 5-5   将绘图添加到现有图形中

5. 图窗窗口

(1) 如果尚未创建图窗窗口

绘图函数会自动打开一个新的图窗窗口。如果打开了多个图窗窗口，MATLAB 将使用指定为"当前图窗"(通常为上次使用的图窗)的图窗窗口。

要将现有图窗窗口设置为当前的图窗，请将指针放置在该窗口中并单击鼠标，也可以进行如下操作：

① figure 使用默认属性值创建一个新的图窗窗口。生成的图窗为当前图窗。

② figure(f)将 f 指定的图窗作为当前图窗，并将其显示在其他所有图窗的上面。

③ figure(n)查找 Number 属性等于 n 的图窗，并将其作为当前图窗。如果不存在具有该属性值的图窗，MATLAB 将创建一个新图窗并将其 Number 属性设置为 n。

(2) 如果某图窗已存在

大多数绘图命令会清除轴并使用此图窗创建新绘图。但是，这些命令不会重置图窗属性，例如，背景色或颜色图。

如果已在以前的绘图中设置图窗属性，您可以先使用带有 reset 选项的 clf 命令：

clf('reset')从当前图窗中删除所有图形对象，无论它们的 HandleVisibility 属性设置为何，并将除 Position、Units、PaperPosition 和 PaperUnits 之外的所有图窗属性重置为其默认值。

例 5-4   figure 函数

```
figure(100)
```

图 5-6 为创建图窗窗口。

图 5-6　创建图窗窗口

6. 在一幅图窗中显示多个绘图

subplot(m,n,p)/subplot(mnp)函数:

将当前图窗划分为 m×n 网格,并在 p 指定的位置创建坐标区。MATLAB® 按行号对子图位置进行编号。第一个子图是第一行的第一列,第二个子图是第一行的第二列,依此类推。如果指定的位置已存在坐标区,则此命令会将该坐标区设为当前坐标区。

例 5-5　创建带有两个堆叠子图的图窗,并在每个子图上绘制一条正弦波,如图 5-7 所示。

```
subplot(2,1,1);
x = linspace(0,10);
y1 = sin(x);
plot(x,y1)
xlabel('x = linspace(0,10)')
ylabel('y1 = sin(x)')
legend('sin(x)')
subplot(2,1,2);
y2 = sin(5 * x);
plot(x,y2)
xlabel('x = linspace(0,10)')
ylabel('y2 = sin(5 * x)')
legend('sin(5 * x)')
```

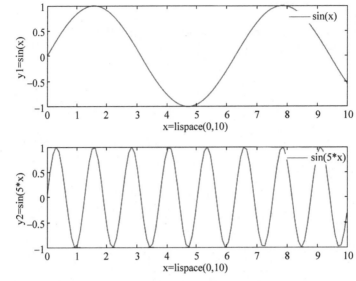

图 5-7　创建带有两个堆叠子图的图窗

7. 控制轴

axis 命令提供了许多用于设置图形的比例、方向和纵横比的选项。axis 和 grid 命令见表 5-4。

表 5-4　axis 和 grid 命令表

设置坐标轴范围	axis(xmin xmax ymin ymax zmin zmax)命令用于指定您自己的极限 axis auto 重新启用自动极限选择
设置轴纵横比	axis 命令还可用于指定多种预定义模式。 axis square　使 x 轴和 y 轴的长度相同 axis equal　使 x 轴和 y 轴上的各个刻度线增量的长度相同
设置轴的可见性	使用 axis 命令也可以显示或隐藏轴。默认为显示轴。 axis on 显示轴 axis off 隐藏轴
设置网格线	使用 grid 命令可以启用和禁用网格线。 grid on 启用网格线 grid off 再次禁用网格线

5.1.2　总结：绘图函数一览

(1) 单击 MATLAB 的【绘图】选项卡，单击右下角的【显示更多】，如图 5-8 所示。

(2) 单击右下角的【目录】，如图 5-9 所示。

打开 MATLAB 的绘图目录，如图 5-10 所示。可以看到这里显示了 MATLAB 包含的一系列图形函数与语法实例，方便初学者们学习。

下面简单总结一下各相关图形函数及其用法。

图 5-8 【绘图】选项卡

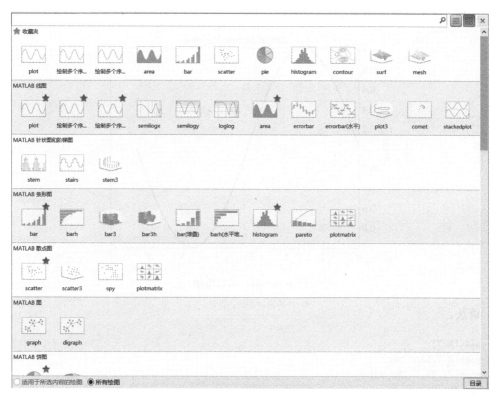

图 5-9 【显示更多】

图 5-10 MATLAB 的绘图目录

1. 线图

（1）plot

功能：绘制曲线，相邻点之间被插值。

图像：plot 函数图像如图 5-11 所示。

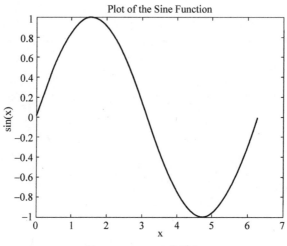

图 5-11   plot 函数图像

语法：

```
plot(X,Y)
plot(X,Y,LineSpec)
plot(X1,Y1,...,Xn,Yn)
plot(X1,Y1,LineSpec1,...,Xn,Yn,LineSpecn)
plot(Y)
plot(Y,LineSpec)
plot(_____,Name,Value)
plot(ax,_____)
h = plot(_____)
```

（2）semilogx

功能：仅 X 坐标按对数缩放。

图像：semilogx 函数图像如图 5-12 所示。

语法：

```
semilogx(Y)
semilogx(X1,Y1,...)
semilogx(X1,Y1,LineSpec,...)
semilogx(...,'PropertyName',PropertyValue,...)
semilogx(ax,...)
h = semilogx(...)
```

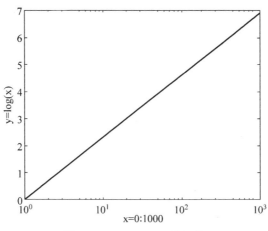

图 5-12　semilogx 函数图像

（3）semilogy

功能：仅 Y 左边按对数缩放。

图像：semilogy 函数图像如图 5-13 所示。

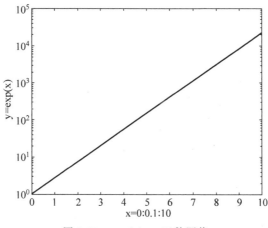

图 5-13　semiology 函数图像

语法：

```
semilogy(Y)
semilogy(X1,Y1,...)
semilogy(X1,Y1,LineSpec,...)
semilogy(...,'PropertyName',PropertyValue,...)
semilogy(ax,...)
h = semilogy(...)
```

（4）loglog

功能：双对数刻度图。

图像：loglog 函数图像如图 5-14 所示。

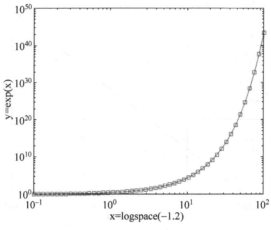

图 5-14　loglog 函数图像

语法：

```
loglog(Y)
loglog(X1,Y1,...)
loglog(X1,Y1,LineSpec,...)
loglog(...,'PropertyName',PropertyValue,...)
loglog(ax,...)
h = loglog(...)
```

（5）area

功能：填充区二维绘图，曲线和 X 轴之间被填充。

图像：area 函数图像如图 5-15 所示。

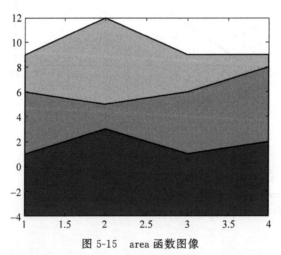

图 5-15　area 函数图像

语法：

```
area(Y)
area(X,Y)
```

```
area(...,basevalue)
area(...,Name,Value)
area(ax,...)
ar = area(...)
```

（6）errorbar

功能：含误差条的线图。

图像：errorbar 函数图像如图 5-16 所示。

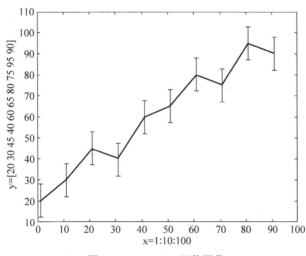

图 5-16　errorbar 函数图像

语法：

```
errorbar(y,err)
errorbar(x,y,err)
errorbar(x,y,neg,pos)
errorbar(_____,ornt)
errorbar(x,y,yneg,ypos,xneg,xpos)
errorbar(_____,linespec)
errorbar(_____,Name,Value)
errorbar(ax,_____)
e = errorbar(_____)
```

2. 针状图和阶梯图

（1）stem

功能：绘制离散序列数据。

图像：stem 函数图像如图 5-17 所示。

语法：

```
stem(Y)
stem(X,Y)
stem(_____,'filled')
```

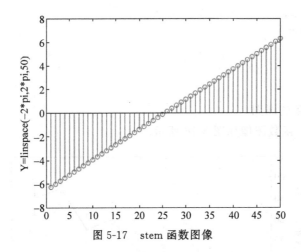

图 5-17   stem 函数图像

```
stem(_____,LineSpec)
stem(_____,Name,Value)
stem(ax,_____)
h = stem(_____)
```

（2）stairs

功能：阶梯图，相邻点间不进行插值。

图像：stairs 函数图像如图 5-18 所示。

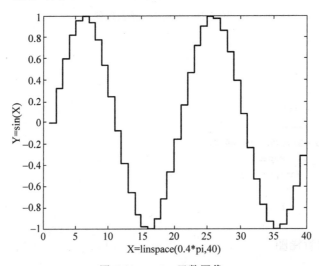

图 5-18   stairs 函数图像

语法：

```
stairs(Y)
stairs(X,Y)
stairs(_____,LineSpec)
stairs(_____,Name,Value)
stairs(ax,_____)
```

```
h = stairs(_____)
[xb,yb] = stairs(_____)
```

（3）stem3

功能：绘制三维离散序列数据。

图像：stem3 函数图像如图 5-19 所示。

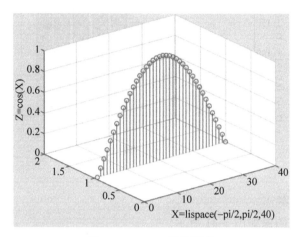

图 5-19　stem3 函数图像

语法：

```
stem3(Z)
stem3(X,Y,Z)
stem3(_____,'filled')
stem3(_____,LineSpec)
stem3(_____,Name,Value)
stem3(ax,_____)
h = stem3(_____)
```

3. 条形图

（1）bar

功能：条形图。

图像：bar 函数图像如图 5-20 所示。

语法：

```
bar(y)
bar(x,y)
bar(_____,width)
bar(_____,style)
bar(_____,color)
bar(_____,Name,Value)
bar(ax,_____)
b = bar(_____)
```

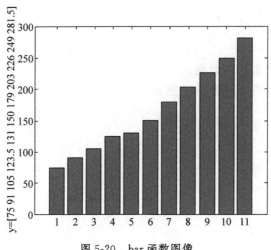

图 5-20   bar 函数图像

（2）barh

功能：水平条形图。

图像：barh 函数图像如图 5-21 所示。

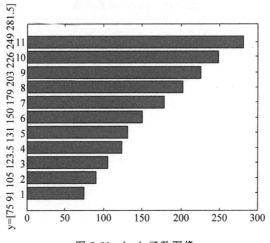

图 5-21   barh 函数图像

语法：

```
barh(y)
barh(x,y)
barh(_____,width)
barh(_____,style)
barh(_____,color)
barh(_____,Name,Value)
barh(ax,_____)
b = barh(_____)
```

（3）bar3

功能：绘制三维条形图。

图像：bar3 函数图像如图 5-22 所示。

语法：

```
bar3(Z)
bar3(Y,Z)
bar3(...,width)
bar3(...,style)
bar3(...,color)
bar3(ax,...)
h = bar3(...)
```

（4）bar3h

功能：绘制水平三维条形图

图像：bar3h 函数图像如图 5-23 所示。

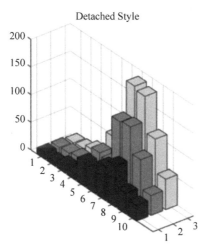

图 5-22 bar3 函数图像

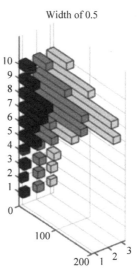

图 5-23 bar3h 函数图像

语法：

```
bar3h(Y)
bar3h(Z,Y)
bar3h(...,width)
bar3h(...,style)
bar3h(...,color)
bar3h(ax,...)
h = bar3h(...)
```

（5）histogram

功能：直方图。

图像：histogram 函数图像如图 5-24 所示。

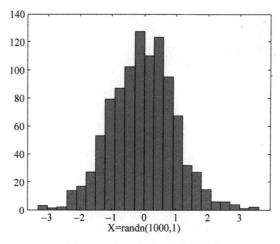

图 5-24　histogram 函数图像

语法：

```
histogram(X)
histogram(X,nbins)
histogram(X,edges)
histogram('BinEdges',edges,'BinCounts',counts)
histogram(C)
histogram(C,Categories)
histogram('Categories',Categories,'BinCounts',counts)
histogram(_____,Name,Value)
histogram(ax,_____)
h = histogram(_____)
```

（6）pareto

功能：帕累托图。

图像：pareto 函数图像如图 5-25 所示。

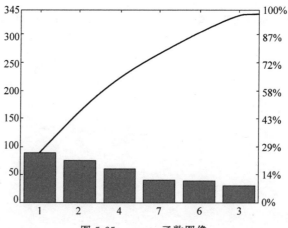

图 5-25　pareto 函数图像

语法：

```
pareto(Y)
pareto(Y,names)
pareto(Y,X)
H = pareto(...)
[H,ax] = pareto(...)
```

4．散点图

（1）scatter

功能：散点图，绘制一系列散点。

图像：scatter 函数图像如图 5-26 所示。

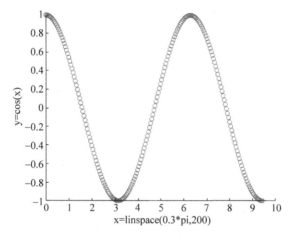

图 5-26　scatter 函数图像

语法：

```
scatter(x,y)
scatter(x,y,sz)
scatter(x,y,sz,c)
scatter(_____,'filled')
scatter(_____,mkr)
scatter(_____,Name,Value)
scatter(ax,_____)
s = scatter(_____)
```

（2）scatter3

功能：三维散点图。

图像：scatter3 函数图像如图 5-27 所示。

语法：

```
scatter3(X,Y,Z)
scatter3(X,Y,Z,S)
scatter3(X,Y,Z,S,C)
```

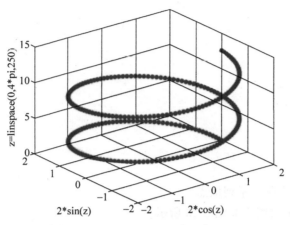

图 5-27 scatter3 函数图像

```
scatter3(_____,'filled')
scatter3(_____,markertype)
scatter3(_____,Name,Value)
scatter3(ax,_____)
h = scatter3(_____)
```

5. 饼图

(1) pie

功能：饼图，用于表示比例。

图像：pie 函数图像如图 5-28 所示。

语法：

```
pie(X)
pie(X,explode)
pie(X,labels)
pie(X,explode,labels)
pie(ax,_____)
p = pie(_____)
```

(2) pie3

功能：三维饼图。

图像：pie3 函数图像如图 5-29 所示。

语法：

```
pie3(X)
pie3(X,explode)
pie3(...,labels)
pie3(axes_handle,...)
h = pie3(...)
```

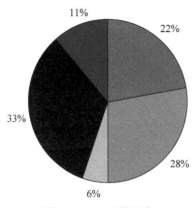

图 5-28　pie 函数图像

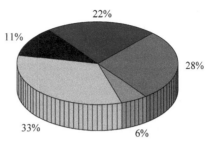

图 5-29　pie3 函数图像

6．极坐标图

（1）polar

功能：极坐标图，以极坐标绘制曲线。

图像：polar 函数图像如图 5-30 所示。

语法：

```
polar(theta,rho)
polar(theta,rho,LineSpec)
polar(axes_handle,...)
h = polar(...)
```

（2）rose

功能：角度直方图绘制。

图像：rose 函数图像如图 5-31 所示。

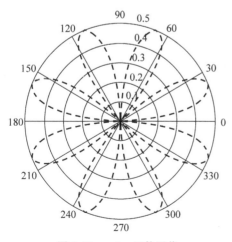

图 5-30　polar 函数图像

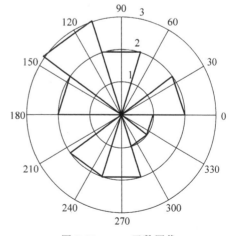

图 5-31　rose 函数图像

语法：

```
rose(theta)
rose(theta,x)
rose(theta,nbins)
rose(ax,...)
h = rose(...)
[tout,rout] = rose(...)
```

（3）compass

功能：绘制从原点发射出的箭头。

图像：compass函数图像如图5-32所示。

语法：

```
compass(U,V)
compass(Z)
compass(...,LineSpec)
compass(axes_handle,...)
h = compass(...)
```

7．影像图

（1）image

功能：从数组显示图像。

图像：image函数图像如图5-33所示。

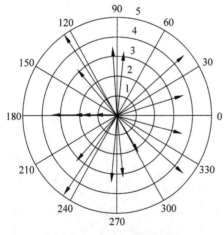

图 5-32　compass 函数图像

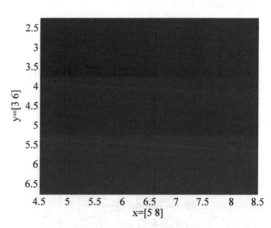

图 5-33　image 函数图像

语法：

```
image(C)
image(x,y,C)
image('CData',C)
image('XData',x,'YData',y,'CData',C)
```

```
image(_____,Name,Value)
image(ax,_____)
im = image(_____)
```

（2）imshow

功能：显示图像。

图像：imshow 函数图像如图 5-34 所示。

图 5-34　imshow 函数图像

语法：

```
imshow(I)
imshow(I,[low high])
imshow(I,[ ])
imshow(RGB)
imshow(BW)
imshow(X,map)
imshow(filename)
imshow(_____,Name,Value)
himage = imshow(_____)
```

8. 三维曲面图

（1）surf

功能：曲面图，和 mesh 的区别是，surf 在小矩形上做颜色插值。

图像：surf 函数图像如图 5-35 所示。

语法：

```
surf(X,Y,Z)
surf(X,Y,Z,C)
surf(Z)
surf(Z,C)
surf(ax,_____)
surf(_____,Name,Value)
s = surf(_____)
```

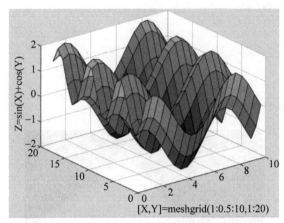

图 5-35　surf 函数图像

（2）surfc

功能：曲面图下的等高线图在 surf 基础上，在底部绘制等高线图。

图像：surfc 函数图像如图 5-36 所示。

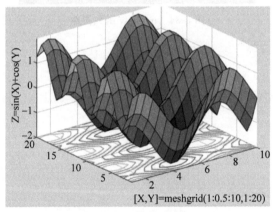

图 5-36　surfc 函数图像

语法：

```
surfc(X,Y,Z)
surfc(X,Y,Z,C)
surfc(Z)
surfc(Z,C)
surfc(ax,_____)
surfc(_____,Name,Value)
sc = surfc(_____)
```

（3）surfl

功能：具有基于颜色图的光照的曲面图，在 surf 基础上，加入光照。

图像：surfl 函数图像如图 5-37 所示。

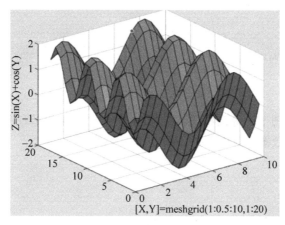

图 5-37　surfl 函数图像

语法：

```
surfl(X,Y,Z)
surfl(Z)
surfl(_____,'light')
surfl(_____,s)
surfl(X,Y,Z,s,k)
surfl(ax,_____)
s = surfl(_____)
```

（4）mesh

功能：网格曲面图、网格图，在行和列上绘制一系列曲线，构成网格。

图像：mesh 函数图像如图 5-38 所示。

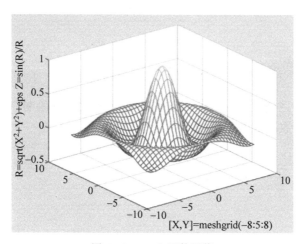

图 5-38　mesh 函数图像

语法：

```
mesh(X,Y,Z)
mesh(Z)
```

```
mesh(Z,C)
mesh(_____,C)
mesh(ax,_____)
mesh(_____,Name,Value)
s = mesh(_____)
```

（5）meshc

功能：网格曲面图下的等高线图，在 mesh 基础上，在底部绘制等高线图。

图像：meshc 函数图像如图 5-39 所示。

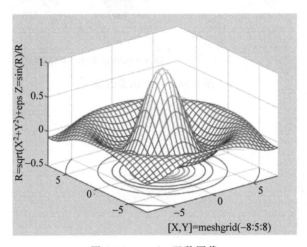

图 5-39　meshc 函数图像

语法：

```
meshc(X,Y,Z)
meshc(Z)
meshc(_____,C)
meshc(ax,_____)
sc = meshc(_____)
```

（6）meshz

功能：带帷幕的网格曲面图，在 mesh 基础上，在网格四周绘制"帘子"。

图像：meshz 函数图像如图 5-40 所示。

语法：

```
meshz(X,Y,Z)
meshz(X,Y,Z,C)
meshz(Z)
meshz(Z,C)
meshz(ax,_____)
s = meshz(_____)
```

（7）waterfall

功能：瀑布图，类似于 meshz 函数，但在矩阵的列之间不生成线

图像：waterfall 函数图像如图 5-41 所示。

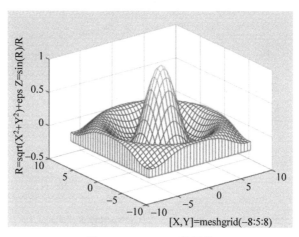

图 5-40　meshz 函数图像

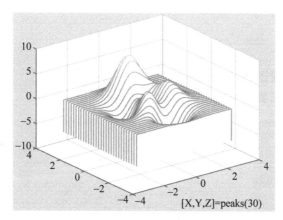

图 5-41　waterfall 函数图像

语法：

```
waterfall(Z)
waterfall(X,Y,Z)
waterfall(...,C)
waterfall(ax,...)
h = waterfall(...)
```

（8）ribbon

功能：条带图，绘制一定宽度的带，相当于将二维曲线沿着垂直平面的方向拉开一定宽度形成三维图形。

图像：ribbon 函数图像如图 5-42 所示。

语法：

```
ribbon(Y)
ribbon(X,Y)
ribbon(X,Y,width)
```

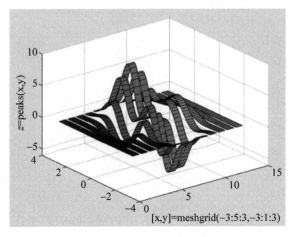

图 5-42   ribbon 函数图像

```
ribbon(axes_handle,...)
h = ribbon(...)
```

（9）contour3

功能：三维等高线图，三维函数（空间函数）的等值线。

图像：contour3 函数图像如图 5-43 所示。

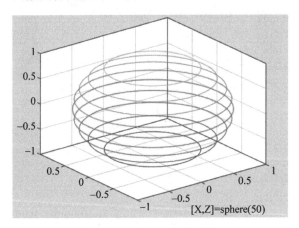

图 5-43   contour3 函数图像

语法：

```
contour3(Z)
contour3(X,Y,Z)
contour3(_____,levels)
contour3(_____,LineSpec)
contour3(_____,Name,Value)
contour3(ax,_____)
M = contour3(_____)
[M,c] = contour3(_____)
```

9．三维体图

slice

功能：三维体切片平面，体积切片图，对体数据进行切片观察。

图像：slice 函数图像如图 5-44 所示。

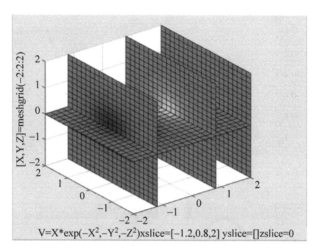

图 5-44　slice 函数图像

语法：

slice(X, Y, Z, V, xslice, yslice, zslice)
slice(V, xslice, yslice, zslice)
slice(_____, method)
slice(ax, _____)
s = slice(_____)

5.1.3　图形修饰

本节将介绍 5 种图形标注命令和 3 种坐标轴控制命令。

1.5 种图形标注命令

首先我们先画出一个 $y=\sin(x)$ 的函数图像，如图 5-45 所示，然后一步步添加命令。
输入代码：

```
x = 0:pi/100:2 * pi;
y = sin(x);
plot(x, y, 'r: + ')
```

（1）title 图题标注，如图 5-46 所示。
输入代码：

```
title('y = sin(x),x\in[0,2 * pi]')
```

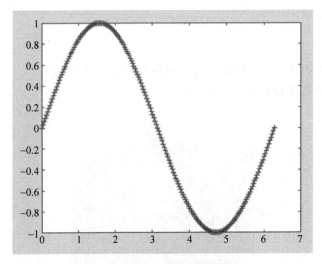

图 5-45　y＝sin(x)的函数图像

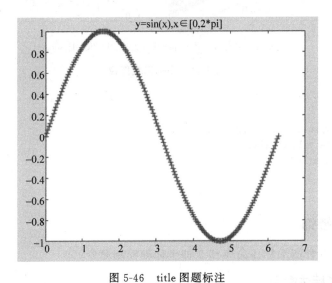

图 5-46　title 图题标注

（2）xlabel,ylabel,zlabel 坐标轴标注如图 5-47 所示。

输入代码：

```
xlabel('x')
ylabel('y')
```

（3）legend 图例标注，如图 5-48 所示。

输入代码：

```
legend('sin(x)')
```

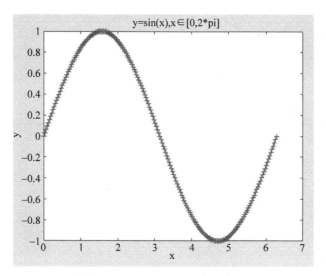

图 5-47　xlabel,ylabel 坐标轴标注

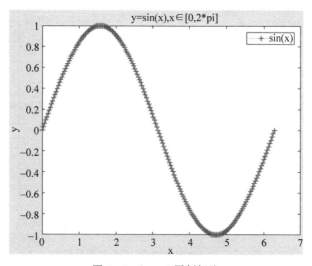

图 5-48　legend 图例标注

（4）text,gtext 文本标注,如图 5-49 所示。

输入代码:

```
text(pi,0,'sin(\pi) = 0')
gtext('sin(2\pi = 0)')  % 单击鼠标定位添加文本标注。
```

（5）annotation 线条、箭头和图框标注,如图 5-50 所示。

输入代码:

```
annotation('arrow',[0.1,0.45],[0.3,0.5])
```

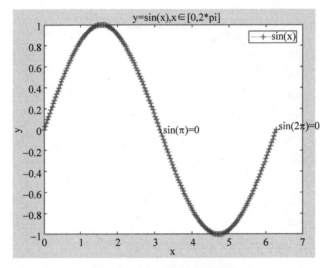

图 5-49　text,gtext 文本标注

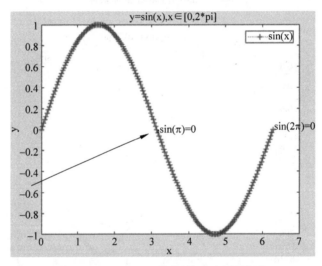

图 5-50　annotation 线条、箭头和图框标注

2．3 种坐标轴控制命令

（1）axis 设置坐标轴范围，如图 5-51 所示。

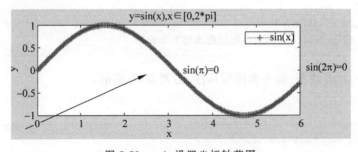

图 5-51　axis 设置坐标轴范围

依次输入以下代码感受 axis 设置坐标轴范围的功能。

```
% 使坐标轴的最大值和最小值和数据范围一致
axis tight
% 横坐标和纵坐标轴采用等长刻度
axis equal
% 设置坐标轴的最小最大值,axis([xmin,xmax,ymin,ymax])
axis([0,6,-1,1])
```

（2）box 坐标框,如图 5-52 所示。

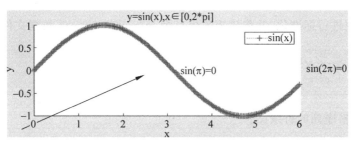

图 5-52　box 坐标框

输入代码:

```
box off % 关闭坐标框
```

（3）grid 网格线,如图 5-53 所示。

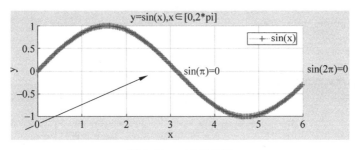

图 5-53　grid 网格线

输入代码:

```
grid on % 添加网格线
```

5.1.4　实例:绘制股票市场的价格序列的折线图

- 将 Excel 文件 information.xlsx 中的数据读入到 MATLAB 中,同时转换为矩阵数据,对每一列数据进行 z 标准化处理,并将该矩阵保存为 information.mat 数据文件。操作如下:

（1）导入数据，将数据和时间分别保存为 information 和 date。

```
[information,date] = xlsread('information.xlsx');
```

（2）将时间变量除了第一行的变量名的所有数据转换为数值型日期 date，再将 date 加入 information 矩阵中。

```
date = datenum(date(2:end,1));
information_new = [date,information];
```

（3）对数据进行标准化，并将该矩阵保存为 information.mat 数据文件。

```
biaozhun = zscore(information_new);
save information.mat 'biaozhun';
```

- 画出价格序列的折线图。

操作如下：

（1）导入 information.mat，提取出 price 的数据。

```
load('information.mat')
price = biaozhun(:,2);
```

（2）使用 plot 函数画出价格序列的折线图，并做好标注，如图 5-54 所示。

```
[AX] = plot(price,'r');
legend('price');
xlabel('期数');
ylabel('price');
title('价格序列的折线图');
```

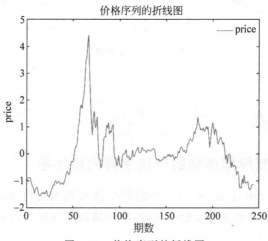

图 5-54　价格序列的折线图

5.2　MATLAB GUI(图形用户界面设计)

5.2.1　GUI 介绍

MATLAB GUI 为图形用户界面(Graphical User Interface,GUI),又称图形用户接口,是指采用图形方式显示的计算机操作用户界面,是 MATLAB 用户可视化交互式的工具,运用 GUI 生成的操作界面用户可以不用浏览烦冗的代码而进行操作。

GUI 不仅深受用户的喜爱,也是工程人员运用 MATLAB 进行可视化操作的捷径,工程人员只需要拖动相应的工具,编写回调函数即可。

作者在本章中将会向读者介绍如何快速入门 GUI。对于 GUI,作者的看法是: 使用 GUI 可以很方便地进行界面可视化的操作,进行展示的时候十分方便而且直观。然而,任何事物都不是完美的。当面临大型的工程需求时,GUI 简洁的操作界面反而不利于后期维护的需要,这个时候选择 MATLAB 新出的 App Designer 工具就十分适合了。不过学习新的工具有会产生新的学习成本。因此根据需求选择投入—产出性价比最优的工具,更是读者们一开始所必需的意识。

此外,GUI 将会在后续版本被 MATLAB App Designer 所取代,不过在此处所使用的 MATLAB R2020a 中仍然可使用 GUI。

5.2.2　创建 GUI

1. 打开 MATLAB,在命令行窗口输入指令

```
GUIde
```

2. 然后单击【确定】即可创建新的 GUI

图 5-55 为创建新的 GUI。

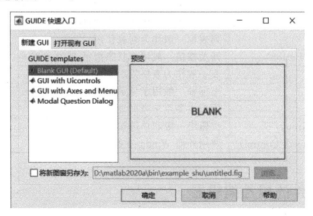

图 5-55　创建新的 GUI

3. GUI 的基本控件

图 5-56 是 MATLAB GUI 里面的一些基本控件，表 5-5 为基本控件介绍。

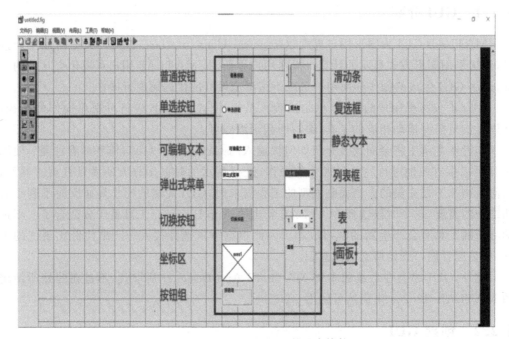

图 5-56　MATLAB GUI 的基本控件

表 5-5　基本控件介绍

1. 普通按钮（Push Button）	按钮控件是最常用的一个控件，主要用来响应用户的触发指令，特别是最终的执行命令。
2. 滑动条（Slider）	滑块控件主要是作为进度条使用。
3. 单选按钮（Radio Button）	单选按钮一般 2 个以上和按钮组组合使用，只选其一。
4. 复选框（Check Box）	复选框常用于需要多选的场合。
5. 可编辑文本（Edit Text）	编辑文本一般用于获取用户输入或某些需要反复编辑的场合。
6. 静态文本（Static Text）	静态文本一般作为标签使用或只需要编辑一次的场合。
7. 弹出式菜单（Pop-up Menu）	弹出菜单一般用于需要预设多个选项菜单的场合。
8. 列表框（Listbox）	列表框一般作为列表使用。
9. 开关按钮（Toggle Button）	开关按钮一般用作状态指示，选中会变色。
10. 表（Table）	表一般作为表格使用。
11. 坐标轴（Axes）	坐标轴一般用于显示图像。
12. 面板（Panel）	面板主要用于布局设计。
13. 按钮组（Button Group）	按钮组一般和单选按钮配合使用。
14. ActiveX 控件（ActiveX Control）	调用外部 Windows 控件。

5.2.3　GUI 控件的属性编辑器

右键控件即可弹出菜单，选择【属性编辑器】即可进入编辑控件的相关属性，图 5-57

是 GUI 控件的相关属性介绍。

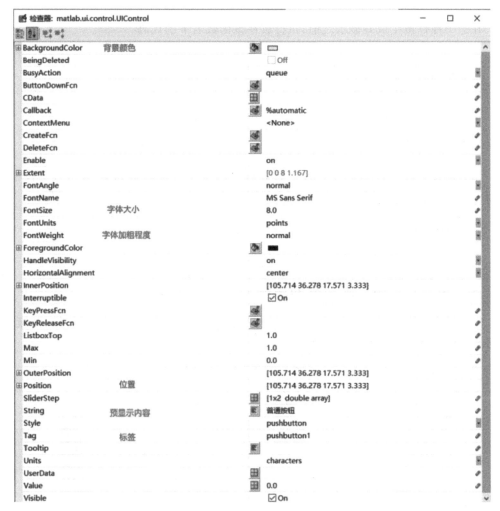

图 5-57　GUI 控件的属性编辑器

5.2.4　MATLAB 常见的回调函数

1．Callback

最常用的回调函数。如果控件是按钮，那单击按钮时，则按钮下的 Callback 函数就会执行；如果是滑块，则拖动滑块时，滑块名下的 Callback 函数就会执行；总之，就是对控件默认操作时，MATLAB 就会自动调用它名下的 Callback。

2．ButtonDownFcn

就是鼠标在它（代指各种控件）上面单击一下，放在这个函数名下的代码就会执行。（ps：按钮的 Callback 也是单击，所以会覆盖掉这个 ButtonDownFcn。）

3．CreateFcn

在这个控件被生成并显示之前,执行放在该函数名下的代码。

4．DeleteFcn

在控件要被删除之前执行这个函数名下的代码。比如,单击【删除】按钮之后弹出"确定删除吗?"的一类的代码。

5．KeyPressFcn

当前控件获得焦点(即这个控件被鼠标点了,或者是 tab 轮选到了)且有按键按下时执行。一般在这个函数下面的代码还会判断下按键是什么,然后执行相应的代码。

6．SelectionChangeFcn

在群按钮组件中,改变选择时所执行的函数。

5.2.5　实例：实现三维图形的绘制

(1) 创建新的 GUI,首先向界面中添加按钮。用鼠标单击与拖曳普通按钮、面板、坐标区至 GUI 编辑区,如图 5-58 所示。

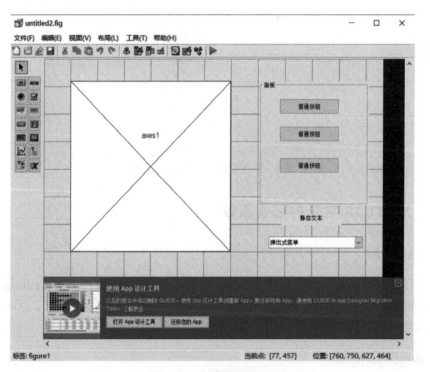

图 5-58　创建新的 GUI

（2）设置各个控件的属性，如设置按钮的属性，设置第一个按钮的显示文字为 Surf，标签名为 surf_pushbutton；设置第二个按钮的显示文字为 Mesh，标签名为 mesh_pushbutton；设置第三个按钮的显示文字为 Contour，标签名为 contour_pushbutton。如图 5-59 所示。

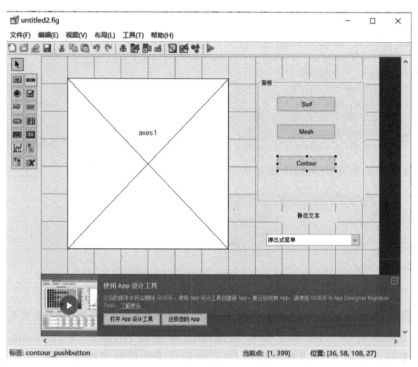

图 5-59　设置各个控件的属性

（3）在创建 GUI 时系统已经为其自动生成了 M 文件，该文件中包含 GUI 中控件对应的响应函数及系统函数等。打开编辑器，如图 5-60 所示。

（4）找到 plottt_OpeningFcn（这里命名该文件为 plottt），并在其下方修改其代码为如下：该函数首先生成三组数据，并设置初始数据为 peaks 数据，且初始图形为等值线。修改该函数后再次运行 GUI，得到结果。

图 5-60　打开编辑器

```
% --- Executes just before plottt is made visible.
function plottt_OpeningFcn(hObject, eventdata, handles, varargin)
% This function has no output args, see OutputFcn.
% hObject        handle to figure
% eventdata    reserved - to be defined in a future version of MATLAB
% handles      structure with handles and user data (seeGUIDATA)
% varargin   command line arguments to GUIPlot (see VARARGIN)
% Create the data to plot.
handles.peaks = peaks(35);
```

```
handles.membrane = membrane;
[x,y] = meshgrid(-8:.5:8);
r = sqrt(x.^2+y.^2) + eps;
sinc = sin(r)./r;
handles.sinc = sinc;
% Set the current data value.
handles.current_data = handles.peaks;
contour(handles.current_data)
% Choose default command line output forGUIPlot
handles.output = hObject;
% Update handles structure
GUIdata(hObject, handles);
% UIWAIT makesGUIPlot wait for user response (see UIRESUME)
% uiwait(handles.figure1);
```

(5) 修改弹出菜单的属性编辑器的 String 值,如图 5-61 所示。

String		弹出式菜单
Style	String	
Tag		
Tooltip	Peaks	
Units	Membrane	
UserData	Sinc	

图 5-61　修改弹出菜单的属性编辑器的 String 值

继续修改弹出菜单的响应函数。用户可以通过 M 文件编辑器中的函数查看工具查找相应函数,或者在 GUI 编辑器中右键单击相应控件,选择 View Callbacks 中的 Callback,系统自动打开 M 文件编辑器,并且光标位于相应的函数处,如图 5-62 和图 5-63 所示。

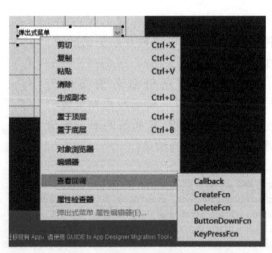

图 5-62　打开 M 文件编辑器

然后将其代码修改为:(该函数首先取得弹出菜单的 String 属性和 Value 属性,后通过分支语句选择数据。)

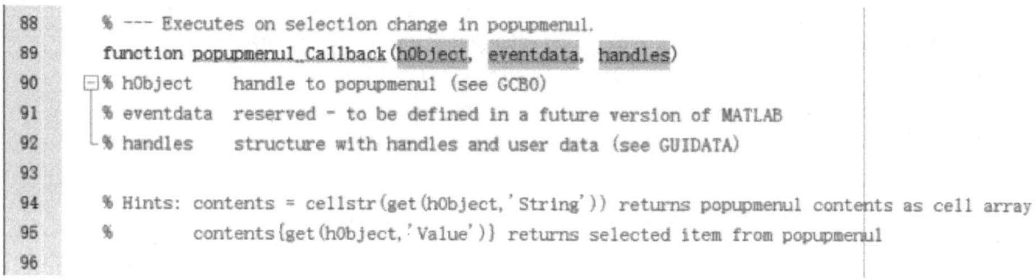

```
88    % --- Executes on selection change in popupmenu1.
89    function popupmenu1_Callback(hObject, eventdata, handles)
90   ⊟% hObject     handle to popupmenu1 (see GCBO)
91    │ % eventdata  reserved - to be defined in a future version of MATLAB
92   ⊔% handles     structure with handles and user data (see GUIDATA)
93
94    % Hints: contents = cellstr(get(hObject,'String')) returns popupmenu1 contents as cell array
95    %          contents{get(hObject,'Value')} returns selected item from popupmenu1
96
```

图 5-63　打开 M 文件编辑器

```
% --- Executes on selection change in popupmenu1.
function popupmenu1_Callback(hObject, eventdata, handles)
% hObject      handle to data_pop_up (see GCBO)
% eventdata   reserved - to be defined in a future version ofMATLAB
% handles      structure with handles and user data (seeGUIDATA)
% Determine the selected data set.
str = get(hObject, 'String');
val = get(hObject,'Value');
% Set current data to the selected data set.
switch str{val};
case 'Peaks' % User selects peaks
   handles.current_data = handles.peaks;
case 'Membrane' % User selects membrane
   handles.current_data = handles.membrane;
case 'Sinc' % User selects sinc
   handles.current_data = handles.sinc;
end
% Save the handles structure.
GUIdata(hObject,handles)
% Hints: contents = get(hObject,'String') returns data_pop_up contents as cell array
%     contents{get(hObject,'Value')} returns selected item from data_pop_up
```

（6）修改三个按钮的响应函数分别为：

```
% --- Executes on button press in surf_pushbutton.
function surf_pushbutton_Callback(hObject, eventdata, handles)
% hObject       handle to surfpushbutton (see GCBO)
% eventdata   reserved - to be defined in a future version ofMATLAB
% handles      structure with handles and user data (seeGUIDATA)
% Display surf plot of the currently selected data.
surf(handles.current_data);
% --- Executes on button press in mesh_pushbutton.
function mesh_pushbutton_Callback(hObject, eventdata, handles)
% hObject       handle to meshpushbutton (see GCBO)
% eventdata   reserved - to be defined in a future version ofMATLAB
% handles      structure with handles and user data (seeGUIDATA)
% Display mesh plot of the currently selected data.
mesh(handles.current_data);

% --- Executes on button press in contour_pushbutton.
```

```
function contour_pushbutton_Callback(hObject, eventdata, handles)
% hObject      handle to contourpushbutton (see GCBO)
% eventdata    reserved - to be defined in a future version ofMATLAB
% handles      structure with handles and user data (seeGUIDATA)
% Display contour plot of the currently selected data.
contour(handles.current_data);
```

（7）保存后运行。

效果图如图 5-64 与图 5-65 所示。

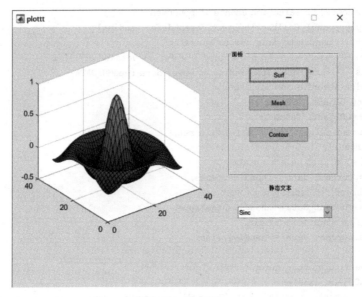

图 5-64　效果图 1

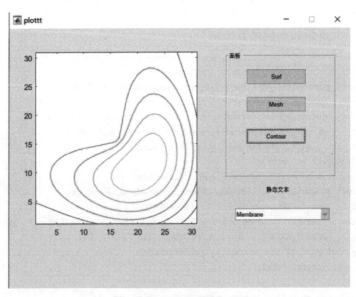

图 5-65　效果图 2

5.2.6　实例：实现在一个界面中绘制两个图形

要求：这两个图像是指 $x=\sin(2\pi f_1 t)+\sin(2\pi f_2 t)$ 的图像及其快速傅立叶(FFT)的图像。其中参数、和的值由界面输入。

（1）创建新的 GUI，首先向界面中添加按钮。分别用鼠标单击普通按钮、静态文本、可编辑文本、坐标区，并拖曳至 GUI 编辑区，如图 5-66 所示。

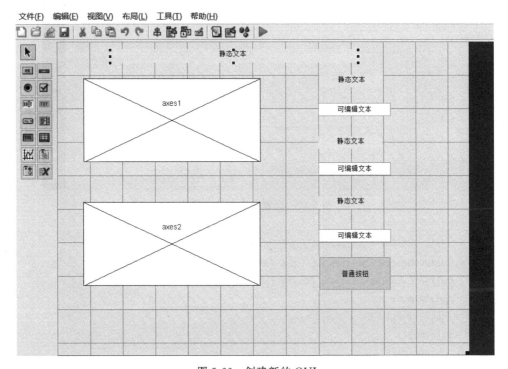

图 5-66　创建新的 GUI

（2）设置各个控件的属性。将静态文本的 String 值由上到下分别改为：two_axes，f1，f2，t(start:inc:end)；将可编辑文本的 String 值由上到下分别改为默认的 10,120，0：0.001：0.25；将普通按钮的 String 值改为 plot；将 axes1 和 axes2 的 Tag 值分别改为 frequency_axes 和 time_axes。如图 5-67 所示。

（3）在创建 GUI 时系统已经为其自动生成了 M 文件，该文件中包含 GUI 中控件对应的响应函数及系统函数等。

打开编辑器，找到 pushbutton1_Callback，并在其下方修改其代码。

```
% hObject handle to plot_button (see GCBO)
% eventdata reserved - to be defined in a future version ofMATLAB
% handles structure with handles and user data (seeGUIDATA)
% Get user input from GUI
```

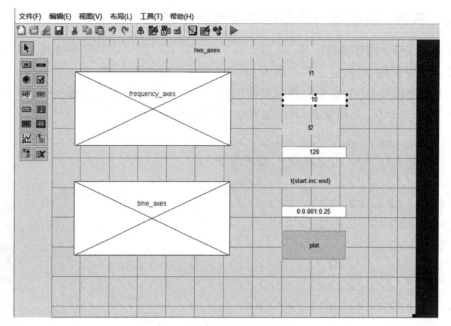

图 5-67　设置各个控件的属性

```
f1 = str2double(get(handles.f1_input,'String'));
f2 = str2double(get(handles.f2_input,'String'));
t = eval(get(handles.t_input,'String'));
% Calculate data
x = sin(2 * pi * f1 * t) + sin(2 * pi * f2 * t);
y = fft(x,512);
m = y. * conj(y)/512;
f = 1000 * (0:256)/512;
% Create frequency plot
axes(handles.frequency_axes) % Select the proper axes
plot(f,m(1:257))
set(handles.frequency_axes,'XMinorTick','on')
grid on
% Create time plot
axes(handles.time_axes) % Select the proper axes
plot(t,x)
set(handles.time_axes,'XMinorTick','on')
grid on
```

（4）保存后运行。

效果图如图 5-68 与图 5-69 所示。

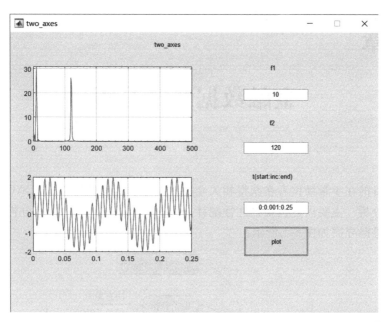

图 5-68　效果图 1

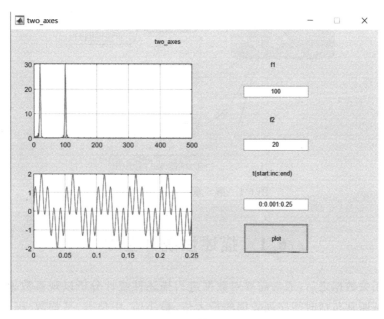

图 5-69　效果图 2

第 **6** 章

金融数据统计分析

本章的目的在于帮助读者在获得相关金融数据之后能够使用 MATLAB 对数据的特征进行初步分析。主要内容包括描述性统计、相关分析、回归分析、方差分析与数据降维分析。学习思路导图如图 6-1 所示。

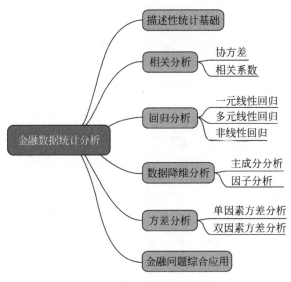

图 6-1　第 6 章学习思路导图

6.1　描述性统计基础

在获取相关数据之后,通常需要对数据进行描述性统计分析以观察数据特征。常用描述统计分析通常包括时间序列数据的最大值、最小值、中位数、平均数、标准差、偏度以及峰度等统计指标,MATLAB 当中提供了内置函数计算以上指标。以 2019 年 1 月 1 日至 2020 年 12 月 31 日的沪深 300 指数为例,运用 MATLAB 中的函数对其进行描述性统计,代码如下:

例 6-1　描述性统计

```
Max = ['Max:',num2str(max(Index300))]
Min = ['Min:',num2str(min(Index300))]
```

```
Mean = ['Mean:',num2str(mean(Index300))]
Median = ['Median:',num2str(median(Index300))]
Std = ['Std:',num2str(std(Index300))]
Skew = ['Skew:',num2str(skewness(Index300))]
Kurt = ['Kurt:',num2str(kurtosis(Index300))]
```

```
Max    = 'Max:5211.2885'
Min    = 'Min:2964.8421'
Mean   = 'Mean:4067.6463'
Median = 'Median:3925.2216'
Std    = 'Std:482.988'
Skew   = 'Skew:0.46408'
Kurt   = 'Kurt:2.5957'
```

其中，max()函数计算序列的最大值，min()函数计算序列的最小值，mean()函数计算序列的均值，median()函数计算序列的中位数，std()函数计算序列的标准差，skewness()计算序列的偏度，kurtosis()函数计算序列的峰度。

6.2　相　关　分　析

通常在金融数据分析当中会涉及多个时间序列，因此序列之间的相关分析是很有必要的，相关分析是后续深入分析的基础。相关分析通常包括序列之间的协方差与相关系数。

6.2.1　协方差

随机变量 X 与随机变量 Y 之间的总体协方差定义为：

$$\sigma_{XY} = \mathrm{cov}(X,Y) = E\big[(X-\mu_x)(Y-\mu_y)\big]$$

其中 μ_x 和 μ_y 分别是随机变量的数学期望值，当 $X=Y$ 时，两者之间的协方差等于各自的方差。协方差表示的是两个变量的总体的误差，这与只表示一个变量误差的方差不同。如果两个变量的变化趋势一致，也就是说如果其中一个大于自身的期望值，另外一个也大于自身的期望值，那么两个变量之间的协方差就是正值。如果两个变量的变化趋势相反，即其中一个大于自身的期望值，另外一个却小于自身的期望值，那么两个变量之间的协方差就是负值。简单而言，协方差反映两个变量围绕其期望值一起变动的紧密程度。MATLAB 当中提供了 cov()函数用来计算两个变量的协方差。

$$\mathrm{C} = \mathrm{cov}(\mathrm{A},\mathrm{B})$$

如果 A 和 B 是长度相同的观测值矢量，则 cov(A,B)为 2×2 协方差矩阵。如果 A 和 B 是观测值矩阵，则 cov(A,B)将 A 和 B 视为矢量，并等价于 cov(A(:),B(:))。A 和 B 的大小必须相同。如果 A 和 B 为标量，则 cov(A,B)返回零的 2×2 矩阵。如果 A 和 B 为空数组，则 cov(A,B)返回 NaN 的 2×2 矩阵。

例 6-2   两个矢量的协方差

```
A = [3 6 4];
B = [7 12 - 9];
cov(A,B)
```

```
ans = 2 × 2
       2.3333    6.8333
       6.8333    120.3333
```

例 6-3   两个矩阵的协方差

```
A = [2 0 - 9; 3 4 1];
B = [5 2 6; - 4 4 9];
cov(A,B)
```

```
ans = 2 × 2
       22.1667    - 6.9333
       - 6.9333    19.4667
```

例 6-4   中证 500 指数与沪深 300 指数的协方差

```
cov(Index300,Index500)
```

```
ans = 2 × 2
10⁵ ×
       2.3328    2.9992
       2.9992    4.3915
```

6.2.2   相关系数

相关系数是用来描述两变量之间的线性关系程度的相关统计指标,表示两个变量之间变化的趋势方向和趋势程度。

1. 常见相关系数

常见的相关系数有 Pearson 相关系数、Spearman 相关系数与 Kendall 相关系数三种类型。

(1) Pearson 相关系数

Pearson 描述的是线性相关关系,取值[−1,1]。负数表示负相关,正数表示正相关。在显著性的前提下,绝对值越大,相关性越强。绝对值为 0,无线性关系;绝对值为 1 表示完全线性相关。计算 Pearson 相关系数之前需要满足两个假设:

① 两个变量分别服从正态分布,通常用 t 检验检查相关系数的显著性;

② 两个变量的标准差不为 0。

（2）Spearman 相关系数

它是衡量两个变量的依赖性的非参数指标。它利用单调方程评价两个统计变量的相关性。如果数据中没有重复值，并且当两个变量完全单调相关时，斯皮尔曼相关系数则为 +1 或 -1，Spearman 相关系数是利用两变量的秩次大小做线性相关分析，对原始变量的分布不作要求。

（3）Kendall 相关系数

Kendall（肯德尔）系数的定义：n 个同类的统计对象按特定属性排序，其他属性通常是乱序的。同序对（concordant pairs）和异序对（discordant pairs）之差与总对数（$n(n-1)/2$）的比值定义为 Kendall（肯德尔）系数。它是用于反映分类变量相关性的指标，适用于两个分类变量均为有序分类的情况。

2. 实现变量之间相关系数计算的函数

MATLAB 当中提供了 corrcoef 函数、corr 函数和 corrplot 函数用于实现变量之间相关系数的计算。具体用法如下所示。

（1）corrcoef 函数

$$[R, P, RL, RU] = corrcoef(X, Y, Name, Value)$$

corrcoef 函数只能用于计算 Pearson 相关系数。其中输入参数 X 与 Y 是要计算的两者之间相关性的两个列向量。Name 与 Value 参数为一对相联系的输入参数，Name 的输入值可以为'alpha'与'rows'。当输入为'alpha'时，Value 的输入范围为 0 至 1，此时改变显著性水平，指定为一个 0 到 1 之间的数值。'Alpha' 参数的值为相关系数定义百分比置信水平，即 $100*(1-Alpha)\%$，用来确定 RL 和 RU 中的边界。当 Name 的输入值为'rows'时，value 的输入参数为'all''complete'或'pairwise'。输入为'all'时计算相关系数时将输入中的所有 NaN 值纳入在内；输入为'complete'时计算相关系数时忽略输入中任何包含 NaN 值的行。此选项始终返回一个半正定矩阵；输入为'pairwise'时对于每个两列相关系数计算，忽略任何仅包含成对 NaN 的行。此选项可返回非半正定矩阵。对于输出参数 R 为计算得出的相关系数矩阵，P 为相关的检验 p 值，RL 与 RU 则为在设定的显著性水平下的置信区间。

例 6-5　运用 corrcoef 计算相关系数

```
A = randn(50,3);
A(:,4) = sum(A,2);
[R,P] = corrcoef(A)
```

```
R = 4×4
    1.0000    0.1512    0.0510    0.6475
    0.1512    1.0000   -0.0562    0.5950
    0.0510   -0.0562    1.0000    0.5711
    0.6475    0.5950    0.5711    1.0000
P = 4×4
```

```
1.0000    0.2947    0.7251    0.0000
0.2947    1.0000    0.6985    0.0000
0.7251    0.6985    1.0000    0.0000
  0.0     0.0000    0.0000    1.0000
```

（2）corr 函数

$$[RHO, PVAL] = corr(X, Y, 'name', value)$$

corr 函数与 corrcoef 函数不同的是可以计算三种相关系数，corr 可以对两个矩阵的每列进行，也可以对一个矩阵的每列进行。与 corrcoef 函数相似，参数 X 与 Y 是要计算的两者之间相关性的两个列向量。Name 与 Value 参数为一对相联系的输入参数，Name 的输入值可以为'type''rows'和'tail'。当 Name 参数为'rows'时，value 的取值与 corrcoef 相同，当 Name 的输入参数为'type'时，Value 值可以设定为'Pearson''Kendall'或'Spearman'，分别为计算不同类型的相关系数。当 Name 的输入参数为'tail'时，改变 Value 的值能改变备择假设类型，可输入为'ne''gt'或'lt'。输出参数 RHO 是返回的相关系数矩阵，PVAL 是相应的检验 p 值。

例 6-6　运用 corr 计算相关系数

```
x = randn(30,4);
y = randn(30,4);
y(:,4) = sum(x,2);
[r,p] = corr(x,y)
```

```
r = 4×4
      0.2146      0.0283    - 0.1551      0.3152
    - 0.4216      0.1777    - 0.0763      0.6786
    - 0.3387      0.2947      0.2699      0.4699
      0.0701      0.1336    - 0.0118      0.4339
p = 4×4
      0.2548      0.8822      0.4130      0.0898
      0.0203      0.3475      0.6887      0.0000
      0.0671      0.1139      0.1492      0.0088
      0.7129      0.4817      0.9506      0.0166
```

（3）corrplot 函数

$$[R, PValue] = corrplot(X, Name, Value)$$

X 为输入的表格数组或数据矩阵，Name 可以设定为'type''rows''vaNames''testR''alpha'。其中'type''rows'与'alpha'的功能与相应 Value 的输入值与 corrcoef 函数和 corr 函数相同，而当 Name 为'vaNames'时，对应的 Value 为字符串数组，'testR'为显著性检验指示变量，相应的 Value 为'off'或'on'。

corrplot 最大的特点是可以同时计算出一组数据集当中所有列向量两两之间的相关系数，并绘制成图形。载入关于加拿大通货膨胀和利率的数据，并计算各项数据之间的相关系数。

例 6-7　运用 corrplot 计算多变量的相关系数

```
load Data_Canada
corrplot(DataTable,'type','Kendall','testR','on')
```

图 6-2 中表示了不同变量之间的 Kendall 相关系数。同理,通过修改 type 对应的参数值可以得到多种相关系数及其图像。

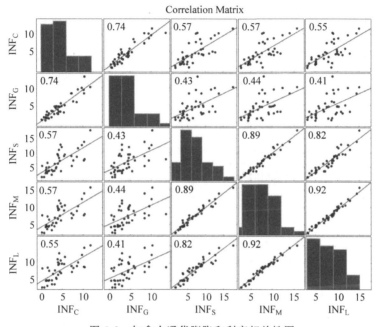

图 6-2　加拿大通货膨胀和利率相关性图

6.3　回　归　分　析

应用统计分析特别是多元统计分析方法一般都要处理大量数据,工作量非常大,所以在计算机普及以前,这些方法大都停留在理论研究上。运用一般计算语言编程也要占用大量时间,而对于经济管理及社会学等对高级编程语言了解不深的人来说要应用这些统计方法更是不可能的。MATLAB 等软件的开发和普及大大减少了对计算机编程的要求,使数据分析方法的广泛应用成为可能。MATLAB 统计工具箱几乎包括了数理统计方面主要的概念、理论、方法和算法。运用 MATLAB 统计工具箱,我们可以十分方便地在计算机上进行计算,从而进一步加深理解。同时,其强大的图形功能使得概念、过程和结果可以直观地展现在我们面前。本章内容通常先介绍有关回归分析的数学原理,主要说明建模过程中要做的工作及理由,如模型的假设检验、参数估计等。为了把主要精力集中在应用上,我们略去详细而繁杂的理论。在此基础上再介绍在建模过程中如何有效地使用 MATLAB 软件。没有学过这部分数学知识的读者可以不深究其数学原理,只要知道回归分析的目的,按照相应方法通过软件显示的图形或计算所得结果表示什么意思,那么,仍然可以学到用回归模型解决实际问题的基本方法。包括:一元线性回归、多元线性回归、非线性回归、逐步回归等方法,以及如何利用MATLAB软件建立初步的数学模型,如何透过输出结果对模型进行分析和改进,回归模型的应用等。

6.3.1 一元线性回归

MATLAB中提供了内置函数regress实现一元线性回归,其用法是:

$$[b, \text{bint}, r, \text{rint}, s] = \text{regress}(y, x, \text{alpha})$$

输入 y(因变量,列向量)、x(1与自变量组成的矩阵),alpha是显著性水平(缺省时默认0.05)。

输出 b 是回归系数估计值向量,bint是置信区间,r 是残差(列向量),rint是残差的置信区间,s 包含4个统计量:判定系数 R^2,F 统计量观测值,检验概率值 p,误差方差的估计值。

例 6-8 股民的年均收益与接触炒股的时间之间的线性相关性,相关数据见表6-1。

表 6-1　16位股民的年均收益与接触股票的时间

年均收益率/%	接触股票的时间/年	年均收益率/%	接触股票的时间/年
8.8	14.3	9.6	15.5
8.5	14.5	9.8	15.6
8.8	14.6	9.7	15.7
9.1	14.7	9.6	15.8
9.2	14.9	9.8	15.9
9.3	15.0	9.9	16.0
9.3	15.3	10.0	16.2
9.5	15.4	10.2	16.4

```
y = [14.3 14.5 14.6 14.7 14.9 15.0 15.3 15.4 15.5 15.6 15.7 15.8 15.9 16.0 16.2 16.4];
x = [8.8 8.5 8.8 9.1 9.2 9.3    9.3    9.5 9.6    9.8 9.7 9.6    9.8    9.9 10.0 10.2];
n = 16;
X = [ones(n,1), x'];
[b, bint, r, rint, s] = regress(y', X, 0.05)
```

```
b = 2 × 1
        3.1771
        1.2903
bint = 2 × 2
        1.2320    5.1223
        1.0846    1.4960
r = 16 × 1
       -0.2319
        0.3552
        0.0681
       -0.2190
       -0.1480
```

$$
\begin{array}{r}
-0.1770 \\
0.1230 \\
-0.0351 \\
-0.0641 \\
-0.2222 \\
\vdots
\end{array}
$$

rint = 16 × 2

$$
\begin{array}{rr}
-0.5619 & 0.0982 \\
0.1085 & 0.6020 \\
-0.2876 & 0.4239 \\
-0.5721 & 0.1342 \\
-0.5178 & 0.2218 \\
-0.5447 & 0.1906 \\
-0.2525 & 0.4985 \\
-0.4182 & 0.3481 \\
-0.4446 & 0.3164 \\
-0.5740 & 0.1297 \\
\vdots
\end{array}
$$

s = 1 × 4

| 0.9282 | 180.9531 | 0.0000 | 0.0313 |

x 由输出变量 s 当中的第三个数据 p 值可知 $p<0.0001$，所以股民的年均收益与接触炒股的时间之间具有线性相关性。

6.3.2　多元线性回归

例 6-9　多元线性回归

```
x1 = [3.5 5.3 5.1 5.8 4.2 6.0 6.8 5.5 3.1 7.2 4.5 4.9 8.0 6.5 6.5 3.7 6.2 7.0 4.0 4.5 5.9
5.6 4.8 3.9];

x2 = [9 20 18 33 31 13 25 30 5 47 25 11 23 35 39 21 7 40 35 23 33 27 34 15];

x3 = [6.1 6.4 7.4 6.7 7.5 5.9 6.0 4.0 5.8 8.3 5.0 6.4 7.6 7.0 5.0 4.0 5.5 7.0 6.0 3.5 4.9
4.3 8.0 5.0];

Y = [33.2 40.3 38.7 46.8 41.4 37.5 39.0 40.7 30.1 52.9 38.2 31.8 43.3 44.1 42.5 33.6 34.2
48.0 38.0 35.9 40.4 36.8 45.2 35.1];

n = 24; m = 3;

X = [ones(n, 1), x1', x2', x3'];

[b, bint, r, rint, s] = regress(Y', X, 0.05)
```

b = 4 × 1

$$
\begin{array}{r}
18.0157 \\
1.0817 \\
0.3212
\end{array}
$$

```
                1.2835
    bint = 4×2
                13.9052    22.1262
                 0.3900     1.7733
                 0.2440     0.3984
                 0.6691     1.8979
    r = 24×1
                 0.6781
                 1.9129
                -0.1119
                 3.3114
                -0.7424
                 1.2459
                -2.1022
                 1.9650
                -0.3193
                 1.3466
                  ⋮
    rint = 24×2
                -2.7017     4.0580
                -1.6203     5.4461
                -3.6190     3.3951
                 0.0498     6.5729
                -4.0560     2.5712
                -2.1800     4.6717
                -5.4947     1.2902
                -1.3231     5.2531
                -3.5894     2.9507
                -1.7678     4.4609
                  ⋮
    s = 1×4
                 0.9106    67.9195     0.0000     3.0719
```

x_1、x_2 和 x_3 是三个自变量，Y 是因变量。重点关注的输出结果包括回归系数 $b=$ (18.0157, 1.0817, 0.3212, 1.2835)，模型相关的结构变量 $s=(0.9106, 67.9195, 0.0000, 3.0719)$。

通常需要判断相关模型的优劣，回归系数置信区间不包含零点表示模型较好，残差在零点附近也表示模型较好，接着就是利用检验统计量 R, F, p 的值判断该模型是否可用。

(1) 相关系数 R 的评价：一般地，相关系数绝对值在 0.8~1 范围内，可判断回归自变量与因变量具有较强的线性相关性。本例 R 的绝对值为 0.9542，表明线性相关性较强。

(2) F 检验法：当 $F > F_{1-\alpha}(m, n-m-1)$，即认为因变量与自变量之间显著地有线性相关关系；否则认为因变量与自变量之间线性相关关系不显著。本例 $F = 67.919 \gg$ 3.10（查 F 分布表或输入命令 finv(0.95,3,20) 计算）。

(3) p 值检验：若 $P < \alpha$（α 为预定显著水平），则说明因变量与自变量之间显著地有线性相关关系。本例输出结果，$p < 0.0001$，显然满足 $P \leqslant 0.05$。

6.3.3　非线性回归

MATLAB 当中非线性回归的分析常用函数为 nlinfit 函数,其调用语法如表 6-2 所示。

表 6-2　nlinfit 函数调用语法

语　　法	参　数　说　明
beta＝nlinfit(X,Y,modelfun,beta0)	X——预测变量 Y——响应值 modelfun——指定的模型 beta0——参数初始值
beta＝nlinfit(X,Y,modelfun,beta0,options)	options——评估算法的选择,默认为缺省
beta＝nlinfit(_____,Name,Value)	指定可选的逗号分隔的名称、值参数对。 Name 是参数名,Value 是对应的值,参数名必须出现在引号内。 可以以任何顺序指定几个名称和值对参数,如 Name1,Value1,…,NameN,ValueN。例如:'ErrorModel','proportional','ErrorParameters',0.5…
[beta,R,J,CovB,MSE,ErrorModelInfo]＝nlinfit(_____)	R——残差 J——雅可比矩阵 CovB——估计方差－协方差矩阵 MSE——均方差 ErrorModelInfo——误差模型拟合信息

接下来将使用一个例子具体对函数使用进行讲解,现有数据如表 6-3 所示。

表 6-3　非线性回归样例数据

i	x_1	x_2	x_3	y
1	1.1	2	3.2	10.1
2	1	2	3.2	10.2
3	1.2	1.8	3	10
4	1.1	1.9	2.9	10.1
5	0.9	2.1	2.9	10

指定的模型形式为

$$y = ax_1 + bx_2 + cx_3^2$$

例 6-10　非线性回归

```
mymodel = inline('beta(1) * x(:,1) + beta(2) * x(:,2) + beta(3) * x(:,3).^2','beta','x');
x1 = [1.1 1 1.2 1.1 0.9]';
x2 = [2 2 1.8 1.9 2.1]';
x3 = [3.2 3.2 3 2.9 2.9]';
```

```
y = [10.1 10.2 10 10.1 10]';
X = [x1,x2,x3];
beta0 = [1,1,1];
[beta,r] = nlinfit(X,y,mymodel,beta0)
```

```
beta =  1 × 3
        3.2696    3.4404    − 0.0141
r =  5 × 1
        − 0.2330
        0.1939
        0.0106
        0.0852
        − 0.0489
```

这里 $x(:,1)$ 是取 x 的第一列数据,相应的 $x(:,2)$ 取第二列数据,beta(1)、beta(2)、beta(3)为所求系数。最终可以得到的结果如下所示:

$$beta = (3.296, 3.4404, − 0.0141)^T$$

特别注意的是,这个函数的输入参数 beta0 为每个系数的初始值,不同的初始值最后会计算出不同的结果,通常只要将其设置为正确结果周围的值即可,可以通过观察散点图选取若干"有效"的点,使用这些值计算大致的参数值作为输入参数。

6.4 数据降维分析

随着硬件技术的发展,每年被记录和存储下来的数据是非常庞大的,如何从庞大的数据堆中筛选出目标数据并分析得到有用的结论是现今重要的领域——数据挖掘。为了能够充分有效地利用数据,化繁为简是一项必做的工作,希望将原来繁多的描述变量浓缩成少数几个新指标,同时尽可能多地保存旧变量的信息,这些分析过程被称为数据降维。主成分分析和因子分析是数据降维分析的主要手段,本章也将详细介绍这两种方法的MATLAB实现过程。

6.4.1 主成分分析

主成分分析又称主分量分析,由皮尔逊在 1901 年首次引入,后来由霍特林在 1933 年进行了发展。主成分分析是一种通过降维技术把多个变量化为少数几个主成分(即综合变量)的多元统计方法,这些主成分能够反映原始变量的大部分信息,通常表示为原始变量的线性组合。为了使得这些主成分所包含的信息互不重叠,要求各主成分之间互不相关。主成分分析在很多领域都有广泛的应用,一般来说,当研究的问题涉及多个变量,并且变量间相关性明显,即包含的信息有所重叠时,可以考虑用主成分分析的方法,这样更容易抓住事物的主要矛盾,使问题简化。MATLAB 为主成分分析提供了内置函数,其语法与各参数说明如表 6-4 所示。

表 6-4　主成分分析函数调用语法

语　　法	参 数 说 明
[COEFF, latent, explained] = pcacov(V)	输入参数 V 是总体或样本的协方差矩阵或相关系数矩阵。 输出参数 COEFF 是 p 个主成分的系数矩阵，它是 pxp 的矩阵，它的第 i 列是第 i 个主成分的系数向量。 输出参数 latent 是 p 个主成分的方差构成的向量，即 V 的 p 个特征值的大小（从大到小）构成的向量。 输出参数 explained 是 p 个主成分的贡献率向量，已经转化为百分比。
[COEFF, SCORE, latent, tsquare] = pca(X) 本章中的 pca 函数与过去版本当中的 princomp 函数完全相同	输入参数 X 是所有个体的数据的矩阵，每一行对应一个观测（样品），每一列对应一个变量。 输出参数 COEFF 是 p 个主成分分析的系数矩阵，它是 pxp 的矩阵，它的第 i 列对应第 i 个主成分的系数向量。 输出参数 SCORE 是 n 个样品的 p 个主成分得分矩阵。 输出参数 latent 是由 p 个特征值构成的列向量，其中特征值按降序排列。 输出参数 tsquare 的第 i 个元素的第 i 个观测对应的霍特林 T^2 统计量，表述了第 i 个观测与数据集（样本观测矩阵）的中心之间的距离，可用来寻找远离中心的极端数据。

本章接下来应用 MATLAB 内部数据 cities.mat 分析。该数据是美国 329 个城市反映生活质量的九项指标数据，这九项数据为气候、住房、健康状况、犯罪、交通、教育、艺术、娱乐和经济。实际情况下多应用原始数据进行主成分分析，因此在这里使用 pca 函数进行主成分分析的讲解。

例 6-11　主成分分析

```
load cities;
ratings = zscore(ratings);
[coefs, scores, variances, t2] = pca(ratings)
```

```
coefs = 9 × 9
    0.2064   -0.2178    0.6900   -0.1373   -0.3691    0.3746   -0.0847
...
    0.3565   -0.2506    0.2082   -0.5118    0.2335   -0.1416   -0.2306
    0.4602    0.2995    0.0073   -0.0147   -0.1032   -0.3738    0.0139
    0.2813   -0.3553   -0.1851    0.5391   -0.5239    0.0809    0.0186
    0.3512    0.1796   -0.1464    0.3029    0.4043    0.4676   -0.5834
    0.2753    0.4834   -0.2297   -0.3354   -0.2088    0.5022    0.4262
    0.4631    0.1948    0.0265    0.1011   -0.1051   -0.4619   -0.0215
    0.3279   -0.3845    0.0509    0.1898    0.5295    0.0899    0.6279
    0.1354   -0.4713   -0.6073   -0.4218   -0.1596    0.0326   -0.1497
scores = 329 × 9
   -1.0402   -0.8938   -1.4367   -0.5098   -0.5651    0.4979   -0.4238
...
    0.4398   -0.0751    1.1547    1.1122    0.9969   -0.6285   -0.0119
```

$$
\begin{array}{rrrrrrr}
-1.8755 & -0.0698 & -0.0733 & 0.0462 & -0.6795 & -0.7141 & -0.2395 \\
0.9107 & 1.8176 & -1.0961 & -0.5736 & 0.7691 & 1.2712 & -0.4587 \\
2.1492 & -0.3289 & -0.0197 & 1.0315 & -0.2385 & 1.2842 & -0.1545 \\
-1.7880 & 0.7812 & -0.0608 & -0.4648 & -0.8240 & 0.0992 & 0.5636 \\
-1.0554 & 1.0760 & 0.4260 & -1.3209 & -0.3345 & 0.2498 & 0.4283 \\
-0.6483 & 0.7594 & -0.4080 & -0.2312 & -0.0244 & 0.6903 & -0.4393 \\
-1.8042 & 1.2135 & 0.9165 & -0.0626 & 0.4964 & 0.4828 & -0.2123 \\
-0.4996 & -0.1023 & -0.3721 & 0.0955 & -0.8784 & 0.9539 & -0.7680
\end{array}
$$

$$\vdots$$

variances = 9 × 1

```
        3.4083
        1.2140
        1.1415
        0.9209
        0.7533
        0.6306
        0.4930
        0.3180
        0.1204
```

t2 = 329 × 1

```
        8.4050
        5.1931
        3.2688
        9.4194
        6.1923
        3.3970
        5.9722
        3.2165
        4.6678
        4.7782
```

$$\vdots$$

coefs 即原始数据线性组合生成主成分数据中每一维数据前面的系数。coefs 的每一列代表一个新生成的主成分的系数。比如你想取出前三个主成分的系数,则如下可实现:

pca3 = coefs(:,1:3);

输入以下命令,得到每个主成分的解释情况,从而判断最终需要提取的主成分。

```
latent = sort(eig(cov(ratings)),'descend');
percent_explained = 100 * latent/sum(latent);
pareto(percent_explained);
xlabel('主成分');
ylabel("方差贡献率");
```

图 6-3 为主成分帕累托图。

以上就是主成分分析的所有过程。可以通过矩阵变换知道原始数据能够浓缩成几个主成分,以及每个主成分与原来变量之间线性组合关系式。但是细心的朋友会发现,每个原始变量在主成分中都占有一定的分量,这些分量(载荷)之间的大小分布没有清晰的分

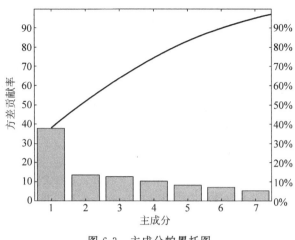

图 6-3　主成分帕累托图

界线，这就造成无法明确表述哪个主成分代表哪些原始变量，也就是说提取出来的主成分无法清晰地解释其代表的含义。

6.4.2　因子分析

鉴于主成分分析现实含义的解释缺陷，统计学家斯皮尔曼又对主成分分析进行了扩展。因子分析在提取公因子时，不仅注意变量之间是否相关，而且考虑相关关系的强弱，使得提取出来的公因子不仅起到降维的作用，而且能够被很好地解释。因子分析与主成分分析是包含与扩展的关系。

因子分析解决主成分分析解释障碍的方法是通过因子轴旋转。因子轴旋转可以使原始变量在公因子（主成分）上的载荷重新分布，从而使原始变量在公因子上的载荷两极分化，这样公因子（主成分）就能够用那些载荷大的原始变量来解释。以上过程就解决了主成分分析的现实含义解释障碍。接下来将用一个实例讲解如何使用 MATLAB 实现因子分析。

MATLAB 提供了 factoran 函数来进行因子分析。factoran 函数用来根据原始样本观测数据、样本协方差矩阵和样本相关系数矩阵，计算因子模型总的因子载荷矩阵 A 的最大似然估计，求特殊方差的估计、因子旋转矩阵和因子得分，还能对因子模型进行检验。factoran 函数的调用格式如表 6-5 所示。

表 6-5　factoran 函数调用语法

语　　法	参　数　说　明
[lambda, psi, T, stats] = factoran(X, m)	输入参数 X 是 n 行 d 列的矩阵，每行对应一个观测，每列对应一个变量。 输入参数 m 是一个正整数，表示模型中公共因子的个数。 输出参数 lambda 是包含 m 个公共因子模型的载荷矩阵，是一个 d 行 m 列的矩阵，第 i 行第 j 列元素表示第 i 个变量在第 j 个公共因子上的载荷。 输出参数 psi 是包含 d 个元素的列向量，分别对应 d 个特殊方差的最大似然估计。

续表

语　法	参 数 说 明
[lambda,psi,T,stats] = factoran(X,m)	输出参数 T 是 m 行 m 列的旋转矩阵。 输出参数 stats 是一个包含模型检验信息的结构体变量，其中 stats. loglike 表示对数似然的最大值，stats. def 表示误差自由度，stats, chisq 表示近似卡方检验统计量，stats. p 表示检验的 p 值。
[lambda,psi,stats,F] = factoran(X,m)	输入参数 X 和 m 与上行内容相同，输出参数 lambda、psi 和 stats 与上行内容相同，不再叙述。 输出参数 F 是一个 n 行 m 列的矩阵，每一行对应一个观测的 m 个公共因子的得分。如果 X 是一个协方差矩阵或相关系数矩阵，则 factoran 函数不能及时因子得分。factoran 函数用相同的旋转矩阵计算载荷阵 lambda 和因子得分 F。

接下来将用一个例子叙述因子分析的 MATLAB 实现过程。以沪深股市任意 11 只股票在 2010 年 1 月 1 日至 2020 年 12 月 31 日的日度收盘价作为数据，数据文件命名为 stock. xlsx，存放在 MATLAB 的默认目录之下，数据形式如图 6-4 所示。

2010/1/4	84.262	21.93	16.494	9.135	22.09	30.416	31.171	46.191	116.551	28.842	136.873
2010/1/5	82.641	21.859	16.069	9.075	21.857	29.681	30.978	46.138	120.416	29.442	136.282
2010/1/6	82.177	22.142	15.797	9.15	22.422	29.614	31.139	47.13	119.996	29.66	140.98
2010/1/7	80.595	21.435	16.052	8.97	22.289	0	30.786	46.295	118.442	30.096	143.438
2010/1/8	78.511	20.852	15.355	8.73	22.09	28.745	30.337	44.99	113.442	28.624	144.683
2010/1/11	83.374	21.877	15.78	8.985	22.654	29.079	31.043	45.512	114.114	28.978	147.794
2010/1/12	79.63	21.205	15.372	8.775	22.821	28.812	31.492	45.773	113.61	27.915	142.691
2010/1/13	78.163	21.205	14.93	8.88	22.854	29.18	31.684	46.191	113.484	28.024	141.571
2010/1/14	76.696	20.534	14.879	8.88	22.953	29.648	33.319	46.556	113.526	27.806	135.255
2010/1/15	77.275	20.463	14.794	9.33	23.551	30.583	0	47.756	114.702	28.079	136.126
2010/1/18	76.851	20.375	14.692	9.24	23.418	31.319	33.608	47.339	115.458	27.806	138.398
2010/1/19	78.163	20.428	14.794	9.705	24.448	32.021	34.602	48.226	114.702	28.624	139.984
2010/1/20	78.819	20.463	14.998	9.63	24.648	31.452	34.634	48.905	115.669	28.57	142.754
2010/1/21	76.735	19.473	14.131	9.27	24.814	30.483	32.454	46.713	111.257	27.152	136.251
2010/1/22	77.97	19.792	13.603	9.42	23.95	30.684	32.646	46.399	108.106	26.443	132.548
2010/1/25	79.36	20.339	13.212	9.33	24.415	29.514	33.512	0	102.518	25.625	128.161
2010/1/26	79.09	20.322	13.042	9.27	23.585	29.313	34.314	47.756	101.509	25.325	129.032
2010/1/27	79.784	20.11	12.753	8.805	23.086	28.377	32.774	46.452	97.686	24.917	121.658
2010/1/28	76.349	19.491	12.6	8.775	23.153	27.976	33.672	47.861	98.316	24.589	122.031
2010/1/29	75.654	19.085	12.787	9.09	23.186	28.077	35.308	48.435	96.846	24.835	120.476
2010/2/1	75.731	19.014	12.889	9.075	23.385	28.277	35.949	49.374	96.636	25.544	119.822
2010/2/2	74.612	18.82	12.77	9.315	23.219	27.709	35.532	47.495	93.694	25.407	117.084
2010/2/3	74.535	18.926	12.753	9.18	23.618	27.876	34.057	45.878	93.274	26.007	117.302
2010/2/4	75.693	19.138	12.906	9.21	24.249	28.01	33.352	46.765	94.787	26.416	120.413
2010/2/5	74.11	18.784	12.583	9.09	23.585	27.475	35.212	46.347	91.594	25.298	116.68
2010/2/8	75.075	18.908	12.532	9.42	22.92	27.575	33.993	45.93	91.594	25.462	116.306
2010/2/9	74.11	18.555	12.43	9.42	23.252	27.742	33.352	46.191	93.862	24.971	119.262
2010/2/10	75.616	18.908	12.515	9.45	24.182	28.244	33.961	47.495	103.358	25.298	122.654
2010/2/11	76.002	19.085	12.634	9.6	24.016	28.177	32.838	47.287	102.224	25.407	121.969
2010/2/12	76.156	19.12	13.365	9.285	24.016	28.377	32.967	47.913	106.845	26.034	121.907

图 6-4　stock 文件数据样式

例 6-12　因子分析

```
P = xlsread('stock.xlsx');
P = P(:,2:end);
P = zscore(P);
[lambda,psi,T,stats,F] = factoran(P,3);
Contribut = 100 * sum(lambda.^2)/6
```

```
Contribut = 1 × 3
      50.2609    36.6492    25.6715
```

```
CumCont = cumsum(Contribut)
```

```
CumCont = 1 × 3
      50.2609    86.9101 112.5816
```

这里不列出 lambda、ps、T 和 stats 的结果,仅仅计算出各因子的累积贡献率,可以看到前两个方差的总贡献率能达到 96.7653%,同时第一个因子的解释方差贡献率超过了 50%,下面绘制出公共因子为 1 个和 3 个时的因子序列图,如图 6-5 与图 6-6 所示。

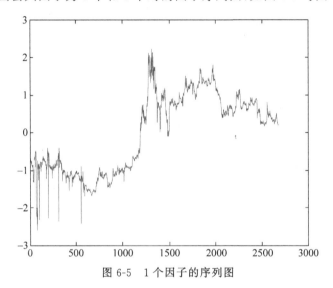

图 6-5 1 个因子的序列图

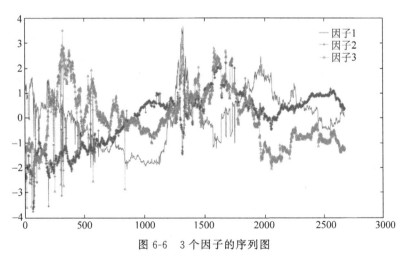

图 6-6 3 个因子的序列图

具体每个公共因子的现实意义可以根据荷载得分的高低来确定,如不同的公共因子可以被认为是蓝筹股和中小盘股等多类股票的代替因子。而公共因子现实意义的确定很依赖于使用者对数据的熟悉程度与分类分析。

6.5 方 差 分 析

方差分析是英国统计学家费舍尔在 20 世纪 20 年代提出的一种统计方法,它有着非常广泛的应用。在生产实践和科学研究中,经验要研究生产条件或实验条件的改变对产品的质量或产量的影响。如在农业生产中,需要考虑品种、施肥量、种植密度等因素对农作物收获量的影响;又如某产品在不同的地区、不同的时期,采用不同的销售方式,其销售量是否有差异。在诸多影响因素中,哪些是主要的,哪些是次要的,以及主要因素处于何种状态时,才能使农作物的产量和产品的销售量达到一个较高的水平,这就是方差分析所要解决的问题。

6.5.1 单因素方差分析

MATLAB 当中提供了 anova1 函数以进行单因素方差分析。调用方式为

$$p = \text{anova1}(x)$$

根据样本观测值矩阵 X 进行单因素一元方差分析,检验矩阵 X 的各列所对应的总体是否具有相同的均值,原假设是 X 的各列所对应的总体具有相同的均值。输出参数 p 是检验的 p 值,对于给定的显著性水平,如果 $p \leq$ 显著性水平,则拒绝原假设,认为 X 的各列所对应的总体具有不完全相同的均值,否则接受原假设,认为 X 的各列所对应的总体具有相同的均值。

anova1 函数还生成两个图形:标准的单因一元方差分析表和箱线图。其中方差分析表把数据之间的差异分为两部分:

(1) 由于列均值之间的差异引起的变差(即组间变差)。

(2) 由于每列数据与该列数据均值之间的差异引起的变差(即组内变差)。

标准的单因素一元方差分析表有 6 列:第一列为方差来源,方差来源有组间、组内和总计 3 种;第二列为各方差来源所对应的平方和(ss);第三列为各方差来源所对应的自由度(df);第四列为各方差来源所对应的均方(MS),MS=ss/df;第五列为 F 检验统计量的观测值,它是组间均方与组内均方的比值;第六列为检验的 p 值,是根据 F 检验统计量的分布提出的。

在箱线图中,X 的每一列对应一个箱线图,从各个箱子中线之间的差异可以看出 F 检验统计量和检验的 p 值,较大的差异意味着较大的 F 值和较小的 p 值。

1. 均衡数据处理

表 6-6 为 5 个基金 4 年的年收益率,用方差分析判断基金之间的生产率有没有显著差异。

表 6-6　各基金收益率

	基金 1	基金 2	基金 3	基金 4	基金 5
第一年	25.6	25.4	25.0	24.8	23.6
第二年	24.2	33.0	27.7	28.0	25.2
第三年	28.0	29.0	23.0	30.5	22.0
第四年	29.8	29.5	30.2	28.9	25.2

例 6-13　均衡数据方差分析

```
x = [25.6    25.4    25.0    24.8    23.6
     24.2    33.0    27.7    28.0    25.2
     28.0    29.0    23.0    30.5    22.0
     29.8    29.5    30.2    28.9    25.2];
p = anova1(x)
```

ANOVA 表

来源	ss	df	MS	F	p 值(F)
列	61.257	4	15.3142	2.26	0.1109
误差	101.565	15	6.771		
合计	162.822	19			

方差分析结果如图 6-7 所示。

p = 0.1109

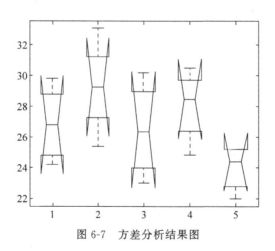

图 6-7　方差分析结果图

求得 $p = 0.1109 > a = 0.05$,故接受 H0,即 5 个基金的年收益率没有显著差异。

例 6-14　三个指数之间方差分析

```
x = [Index300, Index500, hkIndex];
p = anova1(x)
```

ANOVA 表

来源	SS	df	MS	F	p 值(F)
列	1.52806e + 11	2	7.64032e + 10	58399.67	0
误差	1.90747e + 09	1458	1.30828e + 06		
合计	1.54714e + 11	1460			

方差分析结果如图 6-8 所示。

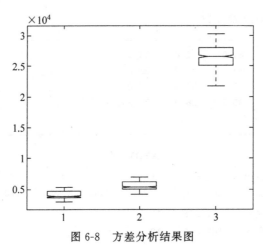

图 6-8　方差分析结果图

$p = 0$ 说明不同指数之间并没有显著性差异。

2．非均衡数据处理

这种输入方式仅仅适用于均衡数据，现实世界中的数据很多情况都是非均衡数据，这就需要应用到另一种调用格式 $p = \mathrm{anova1}(x, \mathrm{group})$。

如我们需要对数据长度为 495 个单位周期的恒生指数与数据长度为 487 个单位周期的沪深 300 指数进行方差分析，我们需要对 group 进行处理，输入以下命令：

例 6-15　非均衡数据方差分析

```
A = [hkIndex', Index300'];
group = [ones(1, 495), 2 * ones(1, 487)];
p = anova1(A, group)
```

ANOVA 表

来源	SS	df	MS	F	p 值(F)
组	1.22973e + 11	1	1.22973e + 11	70107.31	0
误差	1.71899e + 08	980	1.75407e + 06		
合计	1.24692e + 11	981			

方差分析结果如图 6-9 所示。

```
p = 0
```

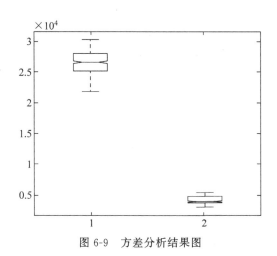

图 6-9 方差分析结果图

这说明沪深 300 指数与恒生指数之间的收盘指数有显著差别。

3.多重比较

多组样本整体无显著差异并不代表个别两组之间的差异并不显著,因此 MATLAB 当中提供了一个多重比较的命令 multcompare。

表 6-7 为不同行业投资者收益率。

表 6-7 不同行业投资者收益率

行业类型	参与所属行业投资者的年收益率%
A1	38.7、41.5、43.8、44.5、45.5、46、47.7、58
A2	39.2、39.3、39.7、41.4、41.8、42.9、43.3、45.8
A3	34、35、39、40、43、43、44、45
A4	34、34.8、34.8、35.4、37.2、37.8、41.2、42.8

例 6-16

```
A = [38.7,41.5,43.8,44.5,45.5,46,47.7,58
    39.2,39.3,39.7,41.4,41.8,42.9,43.3,45.8
    34,35,39,40,43,43,44,45
    34,34.8,34.8,35.4,37.2,37.8,41.2,42.8];    % 输入数据
    B = A';                                      % MATLAB 只对各列进行分析
    [p,c,s] = anova1(B)                          % 方差分析
```

ANOVA 表

来源	SS	dF	MS	F	p 值(F)
列	294.881	3	98.2936	6.03	0.0027
误差	456.599	28	16.3071		
合计	751.48	31			

方差分析结果如图 6-10 所示。

```
p = 0.0027
c = 4 × 6 cell
```

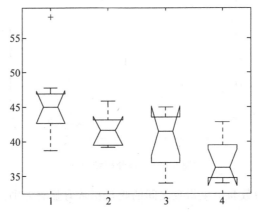

图 6-10　方差分析结果图

	1	2	3	4	5	6
1	'来源'	'SS'	'df'	'MS'	'F'	'p 值(F)'
2	'列'	294.8809	3	98.2936	6.0277	0.0027
3	'误差'	456.5987	28	16.3071	[ ]	[ ]
4	'合计'	751.4797	31	[ ]	[ ]	[ ]

```
s = 包含以下字段的 struct:
    gnames: [4 × 1 char]
         n: [8 8 8 8]
    source: 'anova1'
     means: [45.7125 41.6750 40.3750 37.2500]
        df: 28
         s: 4.0382
```

```
c = multcompare(s)  % 多重比较
```

从图 6-11 可以看到参与行业 1 与行业 4 的投资者年收益率有显著差异。

同样以中证 500 指数，沪深 300 指数和上证综指为例进行分析，输入以下命令：

```
X = [Index300, Index500, hkIndex1];
[p, c, s] = anova1(X);
```

ANOVA 表

来源	SS	df	MS	F	p 值(F)
列	1.52806e + 11	2	7.64032e + 10	58399.67	0
误差	1.90747e + 09	1458	1.30828e + 06		
合计	1.54714e + 11	1460			

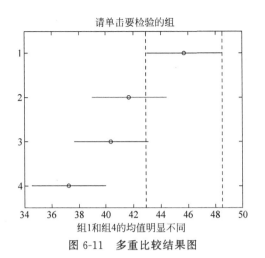

图 6-11　多重比较结果图

方差分析结果如图 6-12 所示。

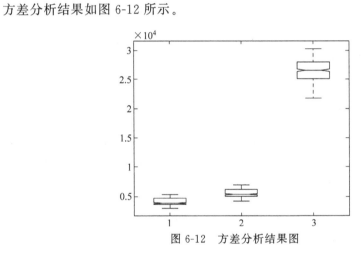

图 6-12　方差分析结果图

多重比较结果如图 6-13 与图 6-14 所示。

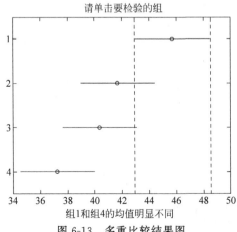

图 6-13　多重比较结果图

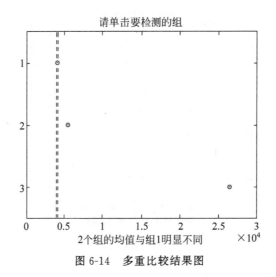

图 6-14 多重比较结果图

即三个指数之间都有显著差异。

```
c = multcompare(s)
```

6.5.2 双因素方差分析

MATLAB 提供 anova2 函数以供完成双因素方差分析,其调用方式如下:

$$p = \text{anova2}(X, \text{reps}, \text{displayopt});$$

其中输入 X 是一个矩阵;resp 表示试验的重复次数;输出的 p 值有三个,分别为各行、各列以及交互作用的概率。

若 $p < 0.05$,有显著差异,若 $p < 0.01$,有高度显著差异。

例 6-17

假设一火箭使用了 4 种燃料,3 种推进器作射程试验,每种燃料与每种推进器的组合各发射火箭 2 次,得到结果如表 6-8 所示。

表 6-8 火箭发射射程

	B1	B2	B3
A1	58.2,52.6	56.2,41.2	65.3,60.8
A2	49.1,42.8	54.1,50.5	51.6,48.4
A3	60.1,58.3	70.9,73.2	39.2,40.7
A4	75.8,71.5	58.2,51.0	48.7,41.4

在 MATLAB 当中输入以下程序以进行方差分析:

```
x0 = [58.2,52.6 56.2,41.2 65.3,60.8
49.1,42.8 54.1,50.5 51.6,48.4
```

```
60.1,58.3 70.9,73.2 39.2,40.7
75.8,71.5 58.2,51.0 48.7,41.4];
x1 = x0(:,1:2:5);x2 = x0(:,2:2:6);
for i = 1:4
    x(2 * i - 1, :) = x1(i, :);
    x(2 * i, :) = x2(i, :);
end
p = anova2(x,2)
```

ANOVA 表

来源	SS	df	MS	F	p 值（F）
列	370.98	2	185.49	9.39	0.0035
行	261.68	3	87.225	4.42	0.026
交互效应	1768.89	6	294.782	14.93	0.0001
误差	236.95	12	19.746		
合计	2638.3	23			

```
p = 1 × 3
    0.0035    0.0260    0.0001
```

求得 $p = 0.0035, 0.0260, 0.001$，表明各试验均值相等的概率都为小概率，故可拒绝均值相等假设。即认为不同燃料（因素 A）、不同推进器（因素 B）下的射程有显著差异，交互作用也是显著的。

6.6　金融问题综合应用

投资者情绪是近年来金融领域研究十分火热的一个课题，是一个衡量投资者对一只股票看涨或看跌的抽象概念，对股票市场运行与投资策略方面的研究具有重要意义。但是这项指标并没有办法直接进行统计，所以需要选择一些代理指标进行合成。为了构建投资者情绪指标，笔者采用谷歌趋势、成交量、涨跌幅、收益率和市盈率五个指标进行构建，构建方法为使用主成分分析法，选用累积方差达到 85% 的主成分，按照各自的特征值进行加权计算，结果为投资者情绪。

```
[Data, txt] = xlsread('information.xlsx');
Data = zscore(Data);
price = Data(:,1);
trends = Data(:,2);
turnOver = Data(:,3);
Chgpct = Data(:,4);
returns = Data(:,5);
pe = Data(:,6);
[coef, score, latent, t2] = pca([trends turnOver Chgpct returns pe]);
percent_explained = 100 * latent/sum(latent);
```

```
y1 = 0.1213 * trends + 0.1918 * turnOver + 0.6571 * Chgpct + 0.6523 * returns + 0.3019 * pe;
y2 = 0.2441 * trends + 0.6692 * turnOver − 0.2501 * Chgpct − 0.2674 * returns + 0.5987 * pe;
y3 = 0.9573 * trends − 0.1239 * turnOver − 0.0182 * Chgpct − 0.0026 * returns − 0.2606 * pe;
vector = latent(1) + latent(2) + latent(3);
sence = y1 * latent(1)/vector + y2 * latent(2)/vector + y3 * latent(3)/vector;
plot(sence,'DisplayName','sence');
hold on;
plot(price,'DisplayName','price');
hold off;
legend('情绪序列','价格序列');
```

图 6-15 为信息行业价格与情绪走势。

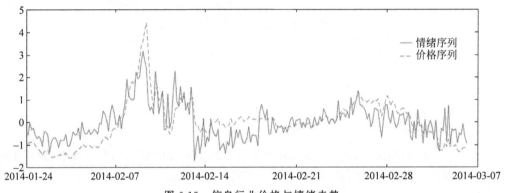

图 6-15　信息行业价格与情绪走势

接下来对情绪与情绪进行描述性统计：

```
Max = ['Max:',num2str(max(sence))]
Min = ['Min:',num2str(min(sence))]
Mean = ['Mean:',num2str(mean(sence))]
Median = ['Median:',num2str(median(sence))]
Std = ['Std:',num2str(std(sence))]
Skew = ['Skew:',num2str(skewness(sence))]
Kurt = ['Kurt:',num2str(kurtosis(sence))]
```

```
Max = 'Max:3.1668'
Min = 'Min:−1.7'
Mean = 'Mean:2.7847e−16'
Median = 'Median:−0.11953'
Std = 'Std:0.8057'
Skew = 'Skew:1.0358'
Kurt = 'Kurt:4.6384'
```

```
Max = ['Max:',num2str(max(price))]
Min = ['Min:',num2str(min(price))]
Mean = ['Mean:',num2str(mean(price))]
Median = ['Median:',num2str(median(price))]
Std = ['Std:',num2str(std(price))]
```

```
Skew = ['Skew:',num2str(skewness(price))]
Kurt = ['Kurt:',num2str(kurtosis(price))]
```

```
Max = 'Max:4.4279'
Min = 'Min: − 1.59'
Mean = 'Mean:1.3368e − 15'
Median = 'Median: − 0.039703'
Std = 'Std:1'
Skew = 'Skew:1.101'
Kurt = 'Kurt:5.8185'
```

仅仅从两者的统计性描述当中无法看出两者之间的关系,因此将对其进行后续分析。首先计算两者之间的协方差:

```
cov(price,sence)
```

```
ans = 2 × 2
     1.0000     0.6084
     0.6084     0.6491
```

计算两者之间的相关系数:

```
[R,P,RL,RU] = corrcoef(sence,price)
```

```
R = 2 × 2
     1.0000     0.7551
     0.7551     1.0000
P = 2 × 2
     1.0000     0.0000
     0.0000     1.0000
RL = 2 × 2
     1.0000     0.6955
     0.6955     1.0000
RU = 2 × 2
     1.0000     0.8044
     0.8044     1.0000
```

可以得到信息行业情绪与指数之间的 Pearson 相关系数为 0.7551。我们依旧可以使用 corr 函数进行相关系数的计算:

Pearson 相关系数:

```
[RHO,PVAL] = corr(sence,price,'type','Pearson')
```

```
RHO = 0.7551
PVAL = 2.8435e − 46
```

Kendall 相关系数:

```
[RHO,PVAL] = corr(sence,price,'type','Kendall')
```

```
RHO = 0.5216
PVAL = 7.0998e - 34
```

可得 Kendall 相关系数为 0.5216。输入以下命令计算 Spearman 相关系数：

```
[RHO, PVAL] = corr(sence, price, 'type', 'Spearman')
```

```
RHO = 0.6994
PVAL = 0
```

可得 Spearman 相关系数为 0.6994。由以上三个相关系数合成出的行业情绪指数与价格指数之间有高度相关关系。因此对两者进行一元线性回归分析：

```
n = length(sence);
X = [ones(n, 1), sence];
Y = price;
[b, bint, r, rint, s] = regress(Y, X, 0.05)
```

```
b = 2 × 1
    0.0000
    0.9372
```

可知在一元线性回归当中信息行业情绪与价格的回归关系为：

$$price = 0.9372sence$$

这是一个无常数项的线性回归方程，为了得到更加精确的结果，加入中证 500 指数进行回归。

```
Index500 = zscore(Index500);
X = [ones(n, 1), sence, Index500];
[b, bint, r, rint, s] = regress(Y, X, 0.05)
```

```
b = 3 × 1
    0.0000
    0.5057
    0.6266
```

得到以下回归方程：

$$price = 0.5057sence + 0.6266Index500$$

但很可能三者之间的关系并不是线性关系，假设中证 500 指数在其中是一个二次项，对其进行回归分析如下过程

$$price = a * sence + b * Index500^2$$

```
mymodel = inline('beta(1) * x(:,1) + beta(2) * x(:,2).^2', 'beta', 'x');
X = [sence, Index500];
beta0 = [1,1];
[beta, r] = nlinfit(X, price, mymodel, beta0)
```

```
beta = 1 × 2
    0.9100    0.0527
```

则方程为：

$$price = 0.9100sence + 0.0527Index500^2$$

我们再继续对情绪指数与价格指数进行方差分析：

```
x = [price, sence];
p = anova1(x)
```

ANOVA 表

来源	SS	df	MS	F	p 值(F)
列	0	1	0	1.48257e + 28	1
误差	400.743	486	0.82457		
合计	400.743	437			

图 6-16 为价格与情绪方差分析。

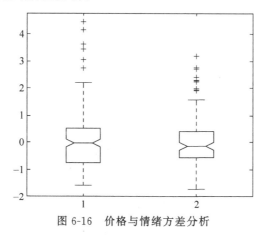

图 6-16　价格与情绪方差分析

$p = 1.0000$，即可认为我们合成的情绪序列与价格指数序列之间无显著差异。

习题

1. 随机选择两家上市公司，下载其日价格数据（至少 100 个交易日），计算它们价格的最小值、最大值、标准差、偏度和峰度。

2. 计算两家上市公司收盘价的协方差与 spearman 相关系数。

3. 加载 Matlab 当中的 hald 数据集，计算 heat 与 ingredients 之间的线性关系。

4. 加载 Matlab 当中的 reaction 数据集，对 reactions 与 rate 数据进行 Hougen－Watson 模型拟合。

5. 加载 hald 数据，对 ingredients 变量进行主成分分析。

6. 加载 carbig 数据，对 Acceleration、Displacement、Horsepower、MPG、Weight 进行因子分析。

7. 计算随机两家上市公司收盘价之间的方差分析结果。

第 **7** 章

金融计量模型实现

简单的回归分析等不足以完整刻画不同变量之间的相互关系,因此常常使用相关的金融计量模型来探究不同时间序列之间的关系,本章将详细讲述常见金融计量模型的MATLAB 实现方法。主要内容包括数据检验、ARIMA 模型、GARCH 模型、向量自回归模型、格兰杰因果检验与脉冲响应函数。学习思路导图如图 7-1 所示。

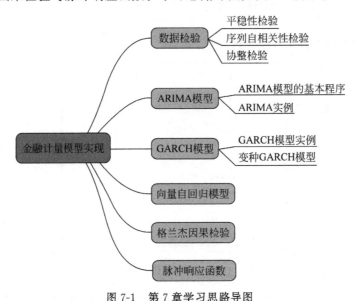

图 7-1　第 7 章学习思路导图

7.1　数　据　检　验

通常而言,并不是所有金融数据都可以直接用来构建金融计量模型进行分析,建模之前一定需要对数据进行相应的检验,最常见的有平稳性检验、序列相关性检验与协整检验。

7.1.1　平稳性检验

首先需要确定获取的金融序列没有随机趋势或确定趋势,否则在后续分析过程中将会产生"伪回归"问题。伪回归是说,有时数据的高度相关仅仅是因为二者同时随时间有向上或向下的变动趋势,并没有真正联系。这样数据中的趋势项,季节项等无法消除,从而在残差分析中无法准确进行分析。总结而言,模型也只有通过平稳性检验才有统计分析的意义。通常采取单位根检验来判断序列是否平稳,通常有三种检验方法:ADF 检验、KPSS 检验和 PP 检验。

1. ADF 检验

ADF 是最常用的单位根检验方法之一,MATLAB 提供了相应的函数 adftest。其调用语法为:

```
h = adftest(Y,Name,Value)
```

其中 Y 为要检验的时间序列数据,Name 与 Value 是成对的一对参数。可输入的参数如表 7-1 所示。

表 7-1　adftest 输入参数

Name 参数可输入值	Value 参数可输入值与意义
'model'	更改检验的模型形式,可输入'AR''ARD'和'TS'共三种
'lags'	滞后阶数,输入为正整数
'alpha'	显著水平

接下来我们将用沪深 300 指数作为例子进行 ADF 检验。

首先直接对沪深 300 指数的收盘价指数进行 ADF 检验,输入以下命令:

例 7-1　ADF 检验

```
h = adftest(Index300)
```

```
h = logical
  0
```

当输出参数 h＝0 时,说明进行检验的序列当中含有单位根,则数据不平稳。接下来我们对沪深 300 指数的收益率序列进行 ADF 检验,输入以下命令:

```
r = 100 * price2ret(Index300);
h = adftest(r)
```

```
h = logical
  1
```

说明收益率序列当中不含有单位根,收益率序列平稳,将指数转换为收益率或增长率是获得平稳序列的常用方法之一。

2. KPSS 检验

作为同样常用的单位根检验方法之一,MATLAB 提供了 kpsstest 函数进行 KPSS 检验,调用语法如下:

```
h = kpsstest(Y,Name,Value)
```

其输入与输入参数的形式与意义同 ADF 检验函数 adftest 完全相同,但返回结果的意义相反,通常使用沪深 300 指数进行实操。

例 7-2　KPSS 检验

```
h = kpsstest(Index300)
```

```
h = logical
   1
```

```
h = kpsstest(r)
```

```
h = logical
   0
```

3. PP 检验

PP 检验的 MATLAB 函数为 pptest,调用语法如下:

```
h = pptest(Y,Name,Value)
```

其输入参数的选项与意义都与 adftest 函数相同,返回结果的意义与 kpsstest 函数返回结果的意义相同,同样使用沪深 300 指数进行实操。

```
h = pptest(Index300)
```

得到以下结果:

例 7-3　PP 检验

```
h = pptest(Index300)
```

```
h = logical
   0
```

```
h = pptest(r)
```

```
h = logical
   1
```

表 7-2 列举了 adftest、kpsstest 和 pptest 函数返回结果比较。

表 7-2　函数返回结果比较

函数返回值	0	1
adftest	有单位根	平稳过程
kpsstest	平稳过程	有单位根
pptest	有单位根	平稳过程

7.1.2　序列自相关性检验

序列相关性在计量经济学中指对于不同的样本值,随机干扰之间不再是完全相互独立的,而是存在某种相关性。又称自相关(autocorrelation),是指总体回归模型的随机误差项之间存在相关关系。在回归模型的古典假定中假设随机误差项是无自相关的,即在不同观测点之间是不相关的。如果该假定不能满足,就称与存在自相关,即不同观测点上的误差项彼此相关。自相关的问题会导致 t 检验与 F 检验失效,也会使高斯马尔科夫定理不成立,最终使得构建出的模型失效。对于序列的相关性检验,通常会包括自相关检验与偏自相关检验两部分。

1. 自相关系数

自相关也叫序列相关,是一个信号与其自身在不同时间点的互相关。非正式地来说,它就是两次观察之间的相似度对它们之间的时间差的函数。它是找出重复模式(如被噪声掩盖的周期信号),或识别隐含在信号谐波频率中消失的基频的数学工具。自相关函数在不同的领域,定义不完全等效。在某些领域,自相关函数等同于自协方差。形象地讲就是度量自己过去的行为对自己现在的影响。MATLAB 当中提供了计算自相关检验的函数 autocorr,其调用语法如下所示:

```
autocorr(y,numLags,numMA,numSTD)
```

其中 y 为要分析的序列,numLags 为滞后阶数,numMA 为理论 ACF 为 0 的滞后阶数,numSTD 为假定理论 ACF 为 0 对应阶数上的样本 ACF 估计标准误个数(默认为 2)。通常而言,自相关系数多使用在模型估计前的检验当中,一般多使用 autocorr(y)命令,或在默认阶数看不出结果时,使用 autocorr(y,numLags)命令设置更大的滞后阶数以获得更精确的结果。我们以中证 500 指数为样本。输入以下命令:

例 7-4　自相关检验

```
autocorr(Index500)
```

中证 500 指数自相关系数图如图 7-2 所示。

接着输入以下命令设定之后阶数:

例 7-5　设置最大滞后阶数的自相关检验

```
autocorr(Index500,50)
```

中证 500 指数自相关系数图如图 7-3 所示。

2. 偏自相关系数

偏自相关是剔除干扰后时间序列观察与先前时间步长时间序列观察之间关系的总结。在滞后 k 处的偏自相关是在消除由于较短滞后条件导致的任何相关性的影响之后

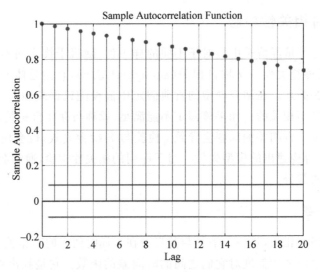

图 7-2　中证 500 指数自相关系数图

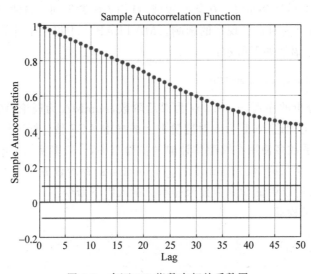

图 7-3　中证 500 指数自相关系数图

产生的相关性。一项观察的自相关和在先验时间步上的观测包括直接相关和间接相关。这些间接相关是线性函数观察(这个观察在两个时间步长之间)的相关。偏自相关函数试图移除这些间接相关。MATLAB 提供了 parcorr 函数以分析偏自相关性,调用语法如下所示:

```
parcorr(y,numLags,numMA,numSTD)
```

与 autocorr 函数相同,其中 y 为要分析的序列,numLags 为滞后阶数,numMA 为理论 ACF 为 0 的滞后阶数,numSTD 为假定理论 ACF 为 0 对应阶数上的样本 ACF 估计标准误个数(默认为 2)。通常而言,偏自相关系数多使用在模型估计前的检验当中,一般多使用 autocorr(y)命令,或在默认阶数看不出结果时,使用 autocorr(y,numLags)命令设置更大的滞后阶数以获得更精确的结果。我们以中证 500 指数为样本。输入以下命令：

例 7-6　偏自相关系数

```
parcorr(Index500)
```

中证 500 指数偏自相关系数图如图 7-4 所示。

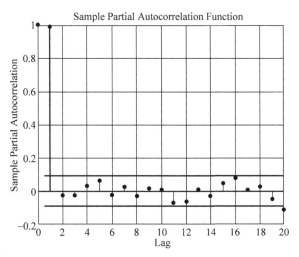

图 7-4　中证 500 指数偏自相关系数图

例 7-7　设置最大滞后阶数的偏自相关系数

```
parcorr(Index500,50)
```

中证 500 指数偏自相关系数图如图 7-5 所示。

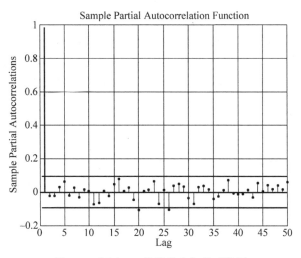

图 7-5　中证 500 指数偏自相关系数图

自相关系数图与偏自相关系数图在后续 ARIMA 模型与 GARCH 模型的设定中会发挥巨大作用。

7.1.3 协整检验

协整(Cointegration)理论是恩格尔(Engle)和格兰杰(Granger)在 1978 年提出的。平稳性是进行时间序列分析的一个很重要的前提,很多模型都是基于平稳下进行的,而现实中,很多时间序列都是非平稳的,所以协整是从分析时间序列的非平稳性入手的。

在说协整之前,我们先讨论一下单整。如果一个序列经过一次差分之后就变成了平稳序列,那么我们就称之为一阶单整序列;如果 d 次差分之后才变成平稳序列,则称之为 d 阶单整序列。我们可以知道,平稳序列的线性组合还是平稳序列;平稳序列和一阶单整序列的线性组合是一阶单整。也就是说,一阶单整序列具有占优性质。但是,重点来了,两个一阶单整序列的线性组合一定是一阶单整吗?答案是不一定。于是我们得到了另外一种获得平稳序列的方法,就是两个一阶单整序列的线性组合。

协整的内容是设序列 X_t 是 d 阶单整的,记为 $X_t \sim I(d)$,如果存在一个非零向量 β 使得 $Y_t = \beta X_t \sim I(d-b)$,则称 X_t 具有 d,b 阶协整关系,记为 $X_t \sim CI(d,b)$,则 β 成为协整向量。特别当 X_t 与 Y_t 都是一阶单整时,一般而言 X_t 与 Y_t 的线性组合 $Y_t - \beta X_t$ 也是一阶单整。但是对于某些非零向量 β,会使得 $Y_t - \beta X_t \sim I(0)$,此时非零向量 β 称作协整向量,其中每一项 β_t 为 t 时刻的协整系数。通俗点说,如果两组序列都是非平稳的,但是经过一阶差分后是平稳的,且这两组序列经过某种线性组合也是平稳的,则它们之间就存在协整关系。

协整理论的意义在于:首先,因为或许单个序列是非平稳的,但是通过协整我们可以建立起两个或者多个序列之间的平稳关系,进而充分应用平稳性的性质。其次,可以避免伪回归。如果一组非平稳的时间序列不存在协整关系,那么根据它们构造的回归模型就可能是伪回归。最后还可以区别变量之间长期均衡关系和短期波动关系。

非平稳序列很容易出现伪回归,而协整的意义就是检验它们的回归方程所描述的因果关系是否是伪回归的,所以常用的协整检验有两种:Engel-Granger 两步协整检验法和 Johansen 协整检验法。二者的区别在于 Engler-Granger 采用的是一元方程技术,而 Johansen 则是多元方程技术,所以 Johansen 协整检验法受限更小。

1. Engle-Granger 协整检验

EG 检验的方法实际上就是对回归方程的残差进行单位根检验。因为从协整的角度来看,因变量能被自变量的线性组合所解释,说明二者之间具有稳定的均衡关系;因变量不能被自变量解释的部分就构成了一个残差序列,这个残差序列不应该是序列相关的,也就是说残差应该是平稳的。所以 EG 检验一组变量是否具有协整关系也就是检验残差序列是否是平稳的。

Engle-Granger 两步法步骤(传统检验法)

(1) 使用 ADF 检验长期静态模型中所有变量的单整阶数。协整回归要求所有的解释变量都是一阶单整的,因此,高阶单整变量需要进行差分,以获得 I(1) 序列。

（2）用 OLS 法估计长期静态回归方程，然后用 ADF 统计量检验残差估计值的平稳性。

Matlab 当中提供了 egcitest 函数以进行 Engle-Granger 协整检验，基本调用语法为：

[h] = egcitest(y,Name,Value)

h 表示检验值，当 $h=0$ 时表示序列 y 不具有协整关系；当 $h=1$ 时表示序列 y 具有协整关系。接下来将使用其判断沪深 300 指数与中证 500 指数之间是否具有协整关系。

例 7-8　Engle-Granger 协整检验

```
[h] = egcitest([Index300,Index500])
```

```
h = logical
   0
```

说明沪深 300 指数与中证 500 指数之间无协整关系。需要注意的是，这种方法只适合应用在两个变量的时候。如果变量多了，就要使用 Johansen 协整检验。

2．Johansen 协整检验

当协整检验的 VAR 模型中如果含有多个滞后项时，采用 EG 检验就不能找出两个以上的协整向量了，此时可以用 Johansen Test 来进行协整检验，它的思想是采用极大似然估计来检验多变量之间的协整关系。

Johansen 协整检验步骤：

（1）确定协整向量的个数（准确来讲，就是确定这 N 个变量组成的 N * N 维矩阵的秩）。

（2）构建 VAR 模型，Johansen 协整检验是建立在非平稳序列下构建 VAR 模型基础上的。

（3）看迹（trace）统计量（它的检验是一个联合显著性检验）。

（4）构建向量误差修正模型（VECM）。注意：变量间协整方程要在向量误差修正模型构建完之后才能获得。

Matlab 当中提供了 jcitest 函数以进行 Johansen 协整检验，基本调用语法如下所示：

[h] = jcitest(y,Name,Value)

同样，h 为检验值，当 $h=0$ 时表示序列 y 不具有协整关系；当 $h=1$ 时表示序列 y 具有协整关系。接下来将使用其判断沪深 300 指数、中证 500 指数与恒生指数之间是否具有协整关系。输入以下命令。

例 7-9　Johansen 协整检验

```
[h] = jcitest([Index300,Index500,hkIndex])
```

h = 1×3 table

	r0	r1	r2
1t1	0	0	0

结果表明,沪深 300 指数、中证 500 指数与恒生指数三者之间不存在协整关系。

7.2 ARIMA 模型

ARIMA 模型全称为自回归移动平均模型(Autoregressive Integrated Moving Average model,ARIMA),是由博克思(Box)和詹金斯(Jenkins)于 70 年代初提出的著名时间序列预测方法,所以又称为 box-jenkins 模型、博克思-詹金斯法。其中 ARIMA(p, d, q)称为差分自回归移动平均模型,AR 是自回归,p 为自回归项;MA 为移动平均,q 为移动平均项数,d 为时间序列成为平稳时所做的差分次数。当 $p=0$ 而 q 为常数时,模型变为移动平均模型;当 $q=0$ 而 p 为常数时,模型变为自回归模型。这两种特殊情况也就是常见的 AR(p)模型与 MA(q)模型,因此本章不再对两模型进行额外的描述。

ARIMA 模型的基本思想是:将预测对象随时间推移而形成的数据序列视为一个随机序列,用一定的数学模型来近似描述这个序列。这个模型一旦被识别后就可以从时间序列的过去值及现在值来预测未来值。现代统计方法、计量经济模型在某种程度上已经能够帮助企业对未来进行预测。

7.2.1 ARIMA 模型的基本程序

(1)根据时间序列的散点图、自相关函数和偏自相关函数图以 ADF 单位根检验其方差、趋势及其季节性变化规律,对序列的平稳性进行识别。一般来讲,经济运行的时间序列都不是平稳序列。

(2)对非平稳序列进行平稳化处理。如果数据序列是非平稳的,并存在一定的增长或下降趋势,则需要对数据进行差分处理,如果数据存在异方差,则需对数据进行技术处理,直到处理后的数据的自相关函数值和偏相关函数值无显著地异于零。

(3)根据时间序列模型的识别规则,建立相应的模型。若平稳序列的偏相关函数是截尾的,而自相关函数是拖尾的,可断定序列适合 AR 模型;若平稳序列的偏相关函数是拖尾的,而自相关函数是截尾的,则可断定序列适合 MA 模型;若平稳序列的偏相关函数和自相关函数均是拖尾的,则序列适合 ARMA 模型。

(4)进行参数估计,检验是否具有统计意义。

(5)进行假设检验,诊断残差序列是否为白噪声。

(6)利用已通过检验的模型进行预测分析。

7.2.2 ARIMA 实例

在本章当中使用沪深 300 指数作为数据样本,通过构建 ARIMA 模型对未来指数进行预测。

1. 平稳性检验

在获取了沪深 300 指数的收盘价之后,首先需要对原始数据进行多项检验与处理。通常会先画出指数的曲线图,如图 7-6 所示。

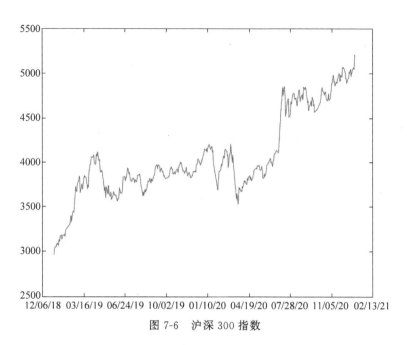

图 7-6　沪深 300 指数

观察图 7-6 可以知道,沪深 300 指数并不是平稳数据,同时使用 adftest 函数进行平稳性检验,输入以下命令:

```
h = adftest(Index300)
```

```
h = logical
   0
```

可知沪深 300 指数并不平稳,因此我们需要对其进行差分处理。MATLAB 当中提供了 diff 函数以供进行差分运算,输入以下命令:

```
DIndex300 = diff(Index300);
plot(DIndex300);
```

图 7-7 为一阶差分后的沪深 300 指数图。

观察可知差分后的指数序列近似平稳,同样继续使用 adftest 函数进行检验:

```
h = adftest(DIndex300)
```

```
h = logical
   1
```

则差分后的指数序列确实是平稳序列,可供我们继续建模分析。

2. ARIMA 模型参数设定

构建 ARIMA 模型的一个重点便是模型当中 p、d、q 三个参数的确定,其中 d 值是为

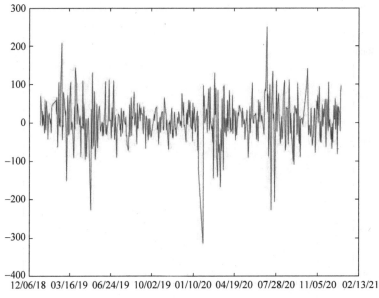

图 7-7　一阶差分后的沪深 300 指数

了得到平稳序列所需要的差分次数。而 p 与 q 的确定需要对序列进行自相关分析与偏自相关分析。MATLAB 当中提供了 autocorr 函数与 parcorr 函数进行相关分析。输入以下命令：

```
autocorr(DIndex300)
```

图 7-8 为一阶差分后沪深 300 指数的自相关系数。

```
parcorr(DIndex300)
```

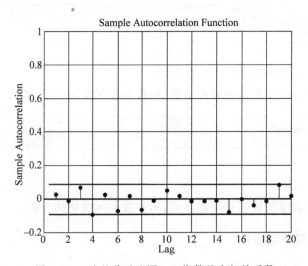

图 7-8　一阶差分后沪深 300 指数的自相关系数

图 7-9 为一阶差分后沪深 300 指数的偏自相关系数。

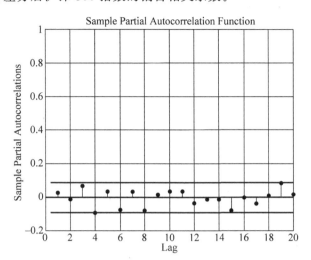

图 7-9　一阶差分后沪深 300 指数的偏自相关系数

接下来需要对两幅图进行解析。首先需要明白两个概念:拖尾与截尾。

拖尾:始终有非零取值,不会在 k 大于某个常数后就恒等于零(或在 0 附近随机波动)。

截尾:在大于某个常数 k 后快速趋于 0 为 k 阶截尾。

通过观察自相关图与偏自相关图各自的拖尾与截尾特征以确定 p 与 q,判断方式如表 7-3 所示。

表 7-3　根据自相关系数与偏自相关系数定阶

模　　　型	AR(p)	MA(q)	ARMA(p,q)
自相关函数(ACF)	拖尾	q 阶截尾	拖尾
偏自相关函数(PACF)	p 阶截尾	拖尾	拖尾

但这种方法并不适用于所有场景,有一些数据的自相关图与偏自相关图难以判断拖尾与截尾,因此将再介绍一种准确选择模型的方法:贝叶斯信息准则(Bayesian Information Criterion,简称 BIC),定义如下:

$$\text{BIC} = k\ln(n) - 2\ln(L)$$

k 为模型参数个数,n 为样本数量,L 为似然函数。一般而言,当模型复杂度提高(k 增大)时,似然函数 L 也会增大,从而使 BIC 变小,但是 k 过大时,似然函数增速减缓,导致 BIC 增大,模型过于复杂容易造成过拟合现象。类似的,增加参数数量,同样增加模型复杂度,会增大似然函数,也会导致过拟合现象。目标是选取 BIC 最小的模型,BIC 不仅要提高模型拟合度(极大似然),而且引入了惩罚项,使模型参数尽可能少,有助于降低过拟合的可能性。MATLAB 当中提供了 aicbic 函数帮助我们计算相应的值,输入以下命令:

```
LOGL = zeros(4,4); % Initialize
PQ = zeros(4,4);
for p = 1:4
    for q = 1:4
        Mdl = arima(p,1,q);
        [EstMdl,~,logL] = estimate(Mdl,Index300,'Display','off');
        LOGL(p,q) = logL;
        PQ(p,q) = p + q;
    end
end
LOGL = reshape(LOGL,16,1);
PQ = reshape(PQ,16,1);
[~,bic] = aicbic(LOGL,PQ+1,100);
reshape(bic,4,4)
```

```
ans = 4×4
10³ ×

     5.2805     5.2846     5.2869     5.2912
     5.2845     5.2851     5.2914     5.2896
     5.2867     5.2912     5.2904     5.2942
     5.2910     5.2898     5.2978     5.2995
```

结果显示当 p=1,q=1 时 bic 值达到最小为 5280.5,因此建立的模型为 arima(1,1,1)
模型。

3. ARIMA 模型估计

在 MATLAB 当中输入以下命令:

```
mdl = arima(1,1,1);
estmdl = estimate(mdl,Index300);
```

```
ARIMA(1,1,1) Model (Gaussian Distribution):
```

	Value	StandardError	TStatistic	PValue
Constant	7.7292	4.8468	1.5947	0.11078
AR{1}	−0.85621	0.057572	−14.872	5.0156e−50
MA{1}	0.92843	0.044732	20.756	1.0925e−95
Variance	2912.2	108.65	26.803	3.0212e−158

```
[yF,yMSE] = forecast(estmdl,50,'Y0',Index300);
UB = yF + 1.96 * sqrt(yMSE);
LB = yF − 1.96 * sqrt(yMSE);
plot(Index300,'b');
hold on
plot(488:537,yF,'r','LineWidth',2);
plot(488:537,UB,'k-- ','LineWidth',1.5);
```

```
plot(488:537,LB,'k -- ','LineWidth',1.5);
hold off
xlabel('时间')
ylabel('指数')
```

图 7-10 为泸深 300 指数经过 ARIMA 模型拟合结果。

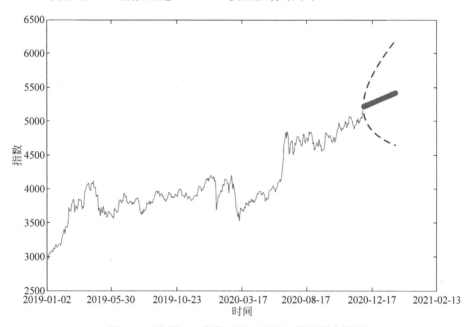

图 7-10　沪深 300 指数经过 ARIMA 模型拟合结果

7.3　GARCH 模型

自从恩格尔(Engle)教授 1982 年提出了 ARCH 模型分析时间序列的异方差性以后,波勒斯列夫(T. Bollerslev)又于 1986 年提出了 GARCH 模型,GARCH 模型是一个专门针对金融数据所量体订做的回归模型,除去和普通回归模型相同之处,GARCH 对误差的方差进行了进一步的建模。特别适用于波动性的分析和预测,这样的分析对投资者的决策能起到非常重要的指导性作用,其意义很多时候超过了对数值本身的分析和预测。下面以恒生指数作为例子讲解使用 MATLAB 完成 garch 建模的完整过程。

7.3.1　GARCH 模型实例

本节当中使用 2019 年 1 月 1 日至 2020 年 12 月 31 的恒生指数收益率的数据为例构建 GARCH 模型进行拟合。输入命令以计算恒生指数的收益率:

```
r = 100 * price2ret(hkIndex);
h = adftest(r)
```

```
h = logical
   1
parcorr(r)
```

图 7-11 为恒生指数收益率的自相关系数。

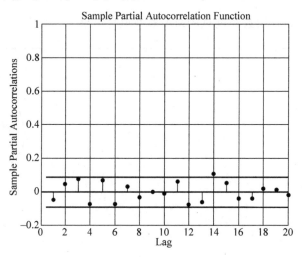

图 7-11　恒生指数收益率的自相关系数

可以确定均值模型的阶数为 AR(1)。接下来我们需要确定是否适合 garch 模型，需要对其进行 Q 检验与 ARCH 效应检验。输入以下命令：

```
h = lbqtest(r - mean(r),'Lags',[10 15 20],'Alpha',0.05)
```

```
h = 1×3 logical 数组
   0   0   0
```

可知恒生指数收益率序列通过 Q 检验。

```
h = archtest(r - mean(r),'Lags',[10 15 20],'Alpha',0.05)
```

```
h = 1×3 logical 数组
   1   1   1
```

可知具有 ARCH 效应，可以建立 GARCH 模型。因此将建立 AR(1)-GARCH(1,1) 模型对数据进行拟合。输入以下命令：

```
Mdl = arima('ARLags',1,'Variance',garch(1,1),'Distribution','t');
EstMdl = estimate(Mdl,r);
```

```
ARIMA(1,0,0) Model (t Distribution):
                Value        StandardError       TStatistic        PValue
             _____      _____     _____      _____
```

	Value	StandardError	TStatistic	PValue
Constant	0.069526	0.046676	1.4895	0.13635
AR{1}	− 0.034721	0.045596	− 0.76148	0.44637
DoF	4.3674	1.1675	3.7408	0.00018342

GARCH(1,1) Conditional Variance Model (t Distribution):

	Value	StandardError	TStatistic	PValue
Constant	0.052135	0.037533	1.3891	0.16482
GARCH{1}	0.91328	0.036798	24.819	5.6111e − 136
ARCH{1}	0.056895	0.025647	2.2184	0.026527
DoF	4.3674	1.1675	3.7408	0.00018342

```
[yF,yMSE] = forecast(EstMdl,50,'Y0',r);
UB = yF + 1.96 * sqrt(yMSE);
LB = yF − 1.96 * sqrt(yMSE);
plot(r,'b')
hold on
plot(487:536,yF,'r','LineWidth',2);
plot(487:536,UB,'k − − ','LineWidth',1.5);
plot(487:536,LB,'k − − ','LineWidth',1.5);
hold off
xlabel('时间')
ylabel('收益率')
```

图 7-12 为恒生指数收益率 GARCH 模型结果。

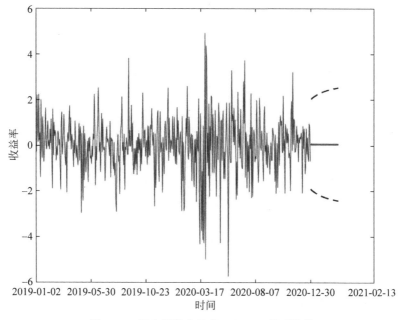

图 7-12　恒生指数收益率 GARCH 模型结果

7.3.2 变种 GARCH 模型

EGARCH 是纳尔逊(Nelson)于 1991 年提出的对 GARCH 模型的改进,是为了克服 GARCH 在处理正负收益对波动率的对称影响而提出的。EGARCH 使用了条件方差的对数,放松了对模型系数的非负限制,使得模型更加灵活。同时,EGARCH 模型中条件方差对于正的和负的滞后值反应是不对称的,这一点在股票市场上是经常可以观察到的,人们对上涨的反应往往不如对于下跌的反应大。

输入以下命令构建 EGARCH 模型:

```
model = arima(1,1,1)
```

```
model =
 arima - 属性:

    Description: "ARIMA(1,1,1) Model (Gaussian Distribution)"
    Distribution: Name = "Gaussian"
              P: 2
              D: 1
              Q: 1
        Constant: NaN
             AR: {NaN} at lag [1]
            SAR: {}
             MA: {NaN} at lag [1]
            SMA: {}
     Seasonality: 0
            Beta: [1 × 0]
        Variance: NaN
```

```
model.Variance = egarch(1,1)
```

```
model =
 arima - 属性:


    Description: "ARIMA(1,1,1) Model (Gaussian Distribution)"
    Distribution: Name = "Gaussian"
              P: 2
              D: 1
              Q: 1
        Constant: NaN
             AR: {NaN} at lag [1]
            SAR: {}
             MA: {NaN} at lag [1]
            SMA: {}
     Seasonality: 0
            Beta: [1 × 0]
        Variance: [EGARCH(1,1) Model]
```

```
hkModel = estimate(model,hkIndex)
```

ARIMA(1,1,1) Model (Gaussian Distribution):

	Value	StandardError	TStatistic	PValue
Constant	3.8965	18.935	0.20578	0.83696
AR{1}	− 0.31477	2.5617	− 0.12287	0.90221
MA{1}	0.29915	2.5805	0.11593	0.90771

EGARCH(1,1) Conditional Variance Model (Gaussian Distribution):

	Value	StandardError	TStatistic	PValue
Constant	0.36997	0.10757	3.4394	0.00058304
GARCH{1}	0.96778	0.0092991	104.07	0
ARCH{1}	0.046763	0.028332	1.6505	0.098839
Leverage{1}	− 0.086947	0.020568	− 4.2273	2.3656e − 05

```
hkModel =
  arima - 属性:

    Description: "ARIMA(1,1,1) Model (Gaussian Distribution)"
    Distribution: Name = "Gaussian"
               P: 2
               D: 1
               Q: 1
        Constant: 3.89649
             AR: {− 0.314767} at lag [1]
            SAR: {}
             MA: {0.299154} at lag [1]
            SMA: {}
     Seasonality: 0
           Beta: [1 × 0]
        Variance: [EGARCH(1,1) Model]
```

```
[Y,Y_est] = forecast(hkModel,200,'Y0',hkIndex);
lower = Y − 1.96 * sqrt(Y_est);
upper = Y + 1.96 * sqrt(Y_est);
figure
plot(hkIndex, 'Color', 'g')
hold on
s_pt = length(hkIndex)
```

```
s_pt = 495
```

```
h1 = plot(s_pt + 1:s_pt + 200, lower, 'r:', 'LineWidth', 1.5);
plot(s_pt + 1:s_pt + 200, upper, 'r:', 'LineWidth', 1.5);
h2 = plot(s_pt + 1:s_pt + 200, Y, 'k', 'LineWidth', 1.5);
legend([h1 h2], '95 % percent', 'forecast', 'Location', 'NorthWest')
xlabel('时间')
ylabel('指数')
```

图 7-13 为恒生指数拟合 EGARCH 结果。

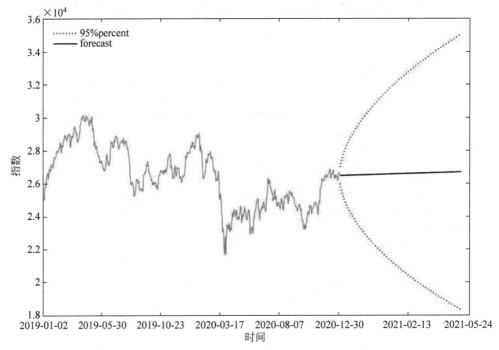

图 7-13　恒生指数拟合 EGARCH 结果

值得一提的是,MATLAB 当中不仅仅提供了 EGARCH 这一变种 GARCH 模型,还提供了如 GJR-GARCH 模型等,只需要将 ARIMA 模型的方差设定为不同的 GARCH 模型即可,整体模型构建过程基本相同,此书不再赘述。

7.4　向量自回归模型

向量自回归模型简称 VAR 模型,是一种常用的计量经济模型,1980 年由克里斯托弗·西姆斯(Christopher Sims)提出。VAR 模型是用模型中所有当期变量对所有变量的若干滞后变量进行回归。VAR 模型用来估计联合内生变量的动态关系,而不带有任何事先约束条件。它是 AR 模型的推广,此模型目前已得到广泛应用。向量自回归(VAR)是基于数据的统计性质建立模型,VAR 模型把系统中每一个内生变量作为系统中所有内生变量的滞后值的函数来构造模型,从而将单变量自回归模型推广到由多元时间序列变量组成的"向量"自回归模型。VAR 模型是处理多个相关经济指标的分析与预测最容易操作的模型之一,并且在一定的条件下,多元 MA 和 ARMA 模型也可转化成 VAR 模型,因此近年来 VAR 模型受到越来越多的经济工作者的重视。本节将使用 CPI 指数与货币供给量作为样例数据,构建一个 VAR 模型,探究两者之间的关系。通过以下命令调取数据并画成图进行直观分析。

```
figure;
plot(CPI)
title('CPI 指数');
xlabel('时间');
ylabel('指数');
set(gca,'xtick',1:20:122);
set(gca,'xticklabel',date(1:20:end));
```

图 7-14 为 CPI 指数图。

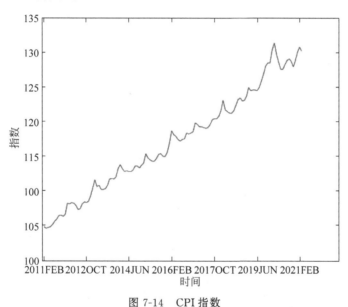

图 7-14　CPI 指数

```
figure;
plot(M1)
title('货币供给量');
xlabel('时间');
ylabel('数量');
set(gca,'xtick',1:20:122);
set(gca,'xticklabel',date(1:20:end));
```

图 7-15 为货币供应量图。
将 CPI 与货币供给量转换为增长率以获得稳定序列。

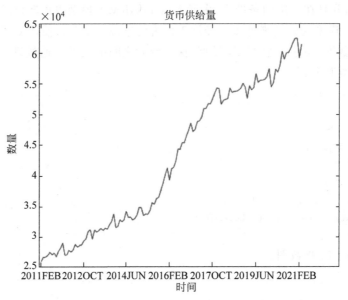

图 7-15 货币供应量

```
rcpi = price2ret(CPI);
rM1 = price2ret(M1);
for q = 1:8
      Mdl(q) = varm(2,q);
end
numMdl = numel(Mdl);
logL = zeros(numMdl,1);
numParam = zeros(numMdl,1);

for j = 1:numMdl
    [EstMdl,~,logL(j)] = estimate(Mdl(j),[rcpi rM1],'Display','off');
    results = summarize(EstMdl);
    numParam(j) = results.NumEstimatedParameters;
end
T = 122
```

```
T = 122
```

```
[~,bic] = aicbic(logL,numParam,T)
```

```
bic = 8×1
10³ ×
    − 1.5255
    − 1.5094
    − 1.4943
    − 1.4622
    − 1.4351
    − 1.4052
```

```
- 1.3932
- 1.3613
```

选择 bic 值最小所对应的滞后阶数,由结果来看为滞后 1 阶。接下来输入以下命令:

```
Mdl = varm(2,1);
EstMdl = estimate(Mdl,[rcpi rM1]);
summarize(EstMdl)
```

```
AR - Stationary 2 - Dimensional VAR(1) Model
 Effective Sample Size: 120
 Number of Estimated Parameters: 6
 LogLikelihood: 777.173
 AIC: - 1542.35
 BIC: - 1525.62
```

	Value	StandardError	TStatistic	PValue
Constant(1)	0.00021022	0.00052594	0.39971	0.68937
Constant(2)	0.012981	0.002478	5.2384	1.6199e - 07
AR{1}(1,1)	0.48008	0.10103	4.752	2.0137e - 06
AR{1}(2,1)	- 1.4909	0.47599	- 3.1321	0.0017353
AR{1}(1,2)	0.10588	0.022058	4.8002	1.5852e - 06
AR{1}(2,2)	- 0.46791	0.10393	- 4.5022	6.7241e - 06

```
     Innovations Covariance Matrix:
      1.0e - 03 *
     0.0223        - 0.0536
    - 0.0536         0.4939
     Innovations Correlation Matrix:
     1.0000        - 0.5109
    - 0.5109         1.0000
```

除了探究两者之间的关系,VAR 模型也可以用来进行预测。为 CPI 增长率和失业率创建并估计一个 VAR(1)模型,把最后十个时期作为预测期。

```
Y = [rcpi rM1];
Mdl = varm(2,1);
EstMdl = estimate(Mdl,Y(1:(end - 10),:));
YF = forecast(EstMdl,10,Y(1:(end - 10),:));
figure
plot(1:121,rcpi);
hold on
plot(112:121,YF(:,1))
h = gca;
fill([112 121 121 112],h.YLim([1,1,2,2]),'k',...
'FaceAlpha',0.1,'EdgeColor','none');
```

```
xlabel('时间');
ylabel('cpi增长率');
legend('真实的cpi增长率','预测的cpi增长率',...
    'Location','NW')
set(gca,'xtick',1:20:121);
set(gca,'xticklabel',date(1:20:end));
```

图 7-16 为 CPI 增长率预测图。

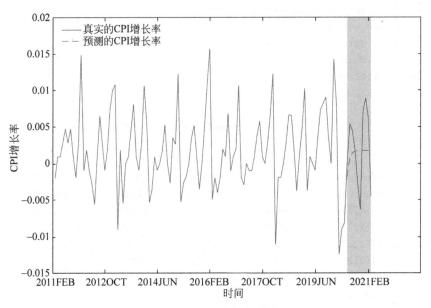

图 7-16　CPI 增长率预测

```
figure
plot(1:121,rM1);
hold on
plot(112:121,YF(:,2))
h = gca;
fill([112 121 121 112],h.YLim([1,1,2,2]),'k',...
'FaceAlpha',0.1,'EdgeColor','none');
xlabel('时间');
ylabel('货币供给量增长率');
legend('真实的货币供给量增长率','预测的货币供给量增长率',...
    'Location','NW')
set(gca,'xtick',1:20:121);
set(gca,'xticklabel',date(1:20:end));
```

图 7-17 为货币供应量增长率预测图。

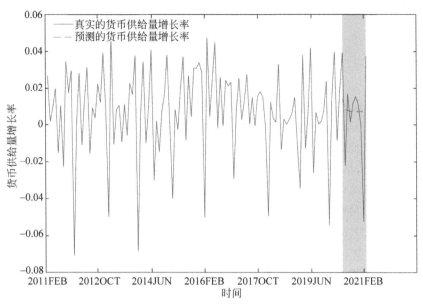

图 7-17　货币供应量增长率预测

7.5　格兰杰因果检验

计量经济模型的建立过程,本质上是用回归分析工具处理一个经济变量对其他经济变量的依存性问题,但这并不暗示这个经济变量与其他经济变量间必然存在着因果关系。由于没有因果关系的变量之间常常有很好的回归拟合,把回归模型的解释变量与被解释变量倒过来也能够拟合得很好,因此回归分析本身不能检验因果关系的存在性,也无法识别因果关系的方向。

经济学家开拓了一种可以用来分析变量之间的因果的关系办法,即格兰杰因果关系检验。该检验方法为 2003 年诺贝尔经济学奖得主克莱夫·格兰杰(Clive W. J. Granger)所开创,用于分析经济变量之间的因果关系。他给因果关系的定义为:"依赖于使用过去某些时点上所有信息的最佳最小二乘预测的方差。"

在时间序列情形下,两个经济变量 X、Y 之间的格兰杰因果关系定义为:若在包含了变量 X、Y 的过去信息的条件下,对变量 Y 的预测效果要优于只单独由 Y 的过去信息对 Y 进行的预测效果,即变量 X 有助于解释变量 Y 的将来变化,则认为变量 X 是引致变量 Y 的格兰杰原因。其步骤如下所示:

(1) 将当前的 y 对所有的滞后项 y 以及别的变量(如果有的话)做回归,即 y 对 y 的滞后项 $yt-1, yt-2, \cdots, yt-q$ 及其他变量的回归,但在这一回归中没有把滞后项 x 包括进来,这是一个受约束的回归。然后从此回归得到受约束的残差平方和 RSSR。

(2) 做一个含有滞后项 x 的回归,即在前面的回归式中加进滞后项 x,这是一个无约束的回归,由此回归得到无约束的残差平方和 RSSUR。

(3) 零假设是 H0: $\alpha1 = \alpha2 = \cdots = \alpha q = 0$,即滞后项 x 不属于此回归。

（4）为了检验此假设，用 F 检验，即：

$$F = \frac{\dfrac{RSS_R - RSS_{UR}}{q}}{\dfrac{RSS_{UR}}{n-k}}$$

（5）如果在选定的显著性水平 α 上计算的 F 值炒股临界 $F\alpha$ 值，则拒绝零假设，这样滞后 x 项就属于此回归，表明 x 是 y 的原因。

（6）同样，为了检验 y 是否是 x 的原因，可将变量 y 与 x 相互替换，重复步骤（1）～（5）。

值得注意的是，格兰杰因果关系检验的结论只是统计意义上的因果性，而不一定是真正的因果关系。虽然可以作为真正的因果关系的一种支持，但不能作为肯定或否定因果关系的最终根据。当然，即使格兰杰因果关系不等于实际因果关系，也不妨碍其参考价值。因为统计意义上的因果关系也是有意义的，对于经济预测等仍然能起很大的作用。

MATLAB 当中未提供格兰杰因果检验的相关函数，但是在 MATLAB 的官方社区的 file exchange 版块当中可以获得 MATLAB 用户分享的脚本文件，这也是 MATLAB 相比于其他编程语言的优势所在。从其中下载 grager_cause. m 文件，其基本调用语法如下所示：

```
[F,c_v] = granger_cause(x,y,alpha,max_lag)
```

其中 F 为 F-统计量，c_v 为临界值。脚本会在指定的最大滞后周期 max_lag 范围内找到最优滞后周期以确定模型。如果 F＞c_v 则 y 是 x 的 granger 原因。对于不平稳序列，首先需要做 Engel－Granger 协整检验以确定变量 X 与 Y 之间是否具有协整关系（或变量之间是否具有因果关系），而因果检验确定其因果关系的方向性，对于平稳序列可以不做 Engel－Granger 协整检验。我们使用其检验沪深 300 指数收益率与中证 500 指数收益率之间的因果关系。

```
Index300rate = price2ret(Index300);
Index500rate = price2ret(Index500);
[F,c_v] = granger_cause(Index300rate,Index500rate,0.05,1)
```

```
F = 9.6022
c_v = 3.8608
```

F＞c_v，说明中证 500 指数收益率是沪深 300 指数收益率的 granger 原因。

```
[F,c_v] = granger_cause(Index500rate,Index300rate,0.05,1)
```

```
F = 10.4479
c_v = 3.8608
```

F＞c_v，说明沪深 300 指数收益率是中证 500 指数收益率的 granger 原因。综上，可以得知沪深 300 指数收益率与中证 500 指数收益率之间互为对方的格兰杰原因。

7.6　脉冲响应函数

脉冲响应函数反映了当 VAR 模型某个变量受到"外生冲击"时,模型中其他变量受到的动态影响。我们会根据这些变量受到此冲击后的一段时间内的动态变化画出脉冲响应图形。脉冲响应函数是一种条件预测,更确切地说,是一种点估计,只不过我们会估计冲击发生后不同时点的值。MATLAB 中提供了 irf 函数以供脉冲响应分析,调用方式如下所示:

```
[Response, Lower, Upper] = irf (Mdl, Name, Value)
```

沿用向量自回归模型当中的例子,对 CPI 指数与货币供应量两者的增长率进行脉冲响应分析,如图 7-18、图 7-19 所示。

```
rcpi = price2ret(CPI);
rM1 = price2ret(M1);
Y = [rcpi rM1];
Mdl = varm(2,1);
EstMdl = estimate(Mdl,[rcpi rM1]);
[Response, Lower, Upper] = irf(EstMdl);
IrfOFrM1 = Response(:,1,2);
IrfCiOFrM1 = [Lower(:,1,2) Upper(:,1,2)];
figure;
h1 = plot(0:19,IrfOFrM1);
hold on
h2 = plot(0:19,IrfCiOFrM1,'r--');
legend([h1 h2(1)],["脉冲响应曲线" "90% 置信区间"])
xlabel("时期");
ylabel("响应");
grid on
hold off
IrfOFrCpi = Response(:,2,1);
IrfCiOFrCpi = [Lower(:,2,1) Upper(:,2,1)];
figure;
h1 = plot(0:19,IrfOFrCpi);
hold on
h2 = plot(0:19,IrfCiOFrCpi,'r--');
legend([h1 h2(1)],["脉冲响应曲线" "90% 置信区间"])
xlabel("时期");
ylabel("响应");
grid on
hold off
```

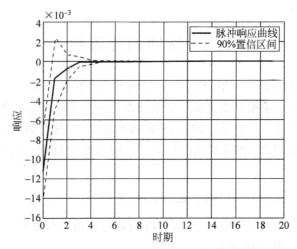

图 7-18　CPI 增长率受到冲击时货币供应量增长率的脉冲响应图

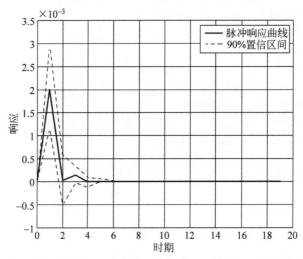

图 7-19　货币供应量增长率受到冲击时 CPI 增长率的脉冲响应图

习题

1. 随机选择两家上市公司,下载其日价格数据(至少 100 个交易日),对它们进行平稳性检验、序列自相关性检验和协整检验。

2. 将第一题中的数据进行一阶差分处理,并再次进行平稳性检验、序列自相关性检验和协整检验。

3. 加载 Data_EquityIdx 数据集,创建一个 arima(1,1,1)模型,用于预测纳斯达克指数。

4. 加载 Data_Danish 数据集,使用丹麦名义股票回报率数据拟合 garch 模型。

5. 使用上述模型预测丹麦名义股票回报率的后 10 期。

6. 加载 Data_USEconModel 数据集,创建一个 CPI 与失业率数据之间的 VAR(4)模型并拟合。

7. 加载 Data_Jdanish 数据集,建立并估计 4-D VAR(2) 模型,估计系统 50 个周期的脉冲响应。

第 8 章

风 险 管 理

本章旨在帮助读者运用 MATLAB 进行风险管理中常用的风险价值的评估,主要内容包括风险价值评估方法及其回溯检测和条件风险价值投资组合优化,具体思路导图参考图 8-1。

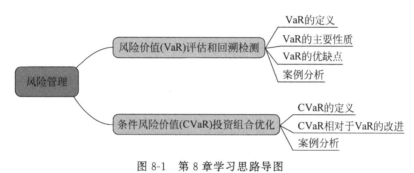

图 8-1　第 8 章学习思路导图

8.1　风险价值(VaR)评估和回溯检测

风险管理受到监管者的广泛关注,风险价值(Value at Risk,VaR)成了最受欢迎的工具之一。VaR 作为风险管理工具被企业财务主管、交易商、基金经理、金融机构和监管机构广泛使用。VaR 是一种统计方法,量化与投资组合相关的风险水平。VaR 度量在指定的时间范围和给定的置信水平上的最大损失,回溯检测衡量 VaR 计算的准确性。使用 VaR 方法计算预测损失,然后在第二天结束时与实际损失进行比较,从预测损失与实际损失的差异程度可以看出 VaR 模型是低估还是高估了风险。因此,回溯检测可以对数据进行回顾性分析,并有助于评估 VaR 模型的性能。

8.1.1　VaR 的定义

1. 定义

VaR 模型是指在一定的持有期和给定的置信水平下,利率、汇率等市场风险要素发生变化时可能对某项资金头寸、资产组合或机构造成的潜在最大损失。

2. 计算公式

$$\text{Prob}(\Delta p \leqslant \text{VaR}) = 1 - \alpha \tag{8.1}$$

其中，Prob 代表了一个概率函数，Δp 代表了投资组合在持有期内的损失金额，VaR 是置信水平 $1-\alpha$ 条件下的风险价值。

8.1.2 VaR 的主要性质

(1) 变换不变性：$\alpha \in R$，满足 $\text{VaR}(X+\alpha) = \text{VaR}(X) + \alpha$。

(2) 正齐次性：$\alpha < 0$，满足 $\text{VaR}(\alpha X) = \alpha \text{VAR}(X)$，这可以保证资产的风险与持仓数目成正比。

(3) 协单调可加性：$\text{VaR}(X_1 + X_2) = \text{VaR}(X_1) + \text{VaR}(X_2)$。

(4) 满足一阶随机占优，且 VaR 关于概率水平 $1-\alpha$ 不是连续的。

VaR 不满足次可加性和凸性，并且 VaR 关于概率水平 $1-\alpha$ 不是连续的。

8.1.3 VaR 的优缺点

1. 优点

(1) 否定了风险与收益呈线性关系的假定，真正反映了随机过程；

(2) 方法简单，用一个指标综合反映金融市场的不同风险，可以用于对股票市场资产组合整体性风险的前瞻性分析。

2. 缺点

(1) VaR 分布呈正态性，不能有效刻画实际股票市场收益率序列呈现的"尖峰肥尾"特征；

(2) 无法解决极端或者严重情况下(如股票崩盘)股价的波动率；

(3) 以历史数据预测未来损益，并且假定过去因子的关系恒定不变，与实际不符；

(4) 一致性原理并未得到满足，尤其是次可加性，这限制了最小风险组合的求取。

8.1.4 案例分析

例 8-1 以 2013 年 1 月 1 日到 2020 年 12 月 31 日期间沪深 300 指数收益率时间序列为分析目标，采用正态分布法、历史模拟法、指数加权移动平均法(EWMA)估计在 95% 和 99% 的置信水平下的风险价值(VaR)，并进行回溯检测，对比不同方法的估计效果。

此节案例使用 MATLAB 实时脚本开发，将从数据加载、模型方法定义及对比以及回溯检测方面讲解。

代码解析如下：

加载数据。这个例子中使用 2010 年至 2020 年沪深 300 收益率时间序列。

```
load VaR_hs300.mat
Returns = tick2ret(hs300);
DateReturns = dates(2:end);
SampleSize = length(Returns);
```

定义估计窗口为 250 个交易日。测试窗口从 2013 年的第一天开始,一直运行到样本的末尾。

```
TestWindowStart     = find(year(DateReturns) == 2013,1);
TestWindow          = TestWindowStart : SampleSize;
EstimationWindowSize = 250;
```

对于 95% 和 99% 的 VaR 置信度,设置 VaR 水平的补数。

```
pVaR = [0.05 0.01];
```

这些值意味着,发生的损失将超过最大阈值(即大于 VaR)的概率分别为最多 5% 和 1%。

1. 使用正态分布法计算 VaR

对于正态分布法,假设投资组合的盈亏是正态分布的。利用这个假设,通过在每个置信水平上乘以收益率的标准差来计算 VaR。因为 VaR 回测是对数据进行回顾性分析,所以 VaR“今天”是根据过去 $N=250$ 天的收益值计算的,直到(但不包括)“今天”。

```
Zscore    = norminv(pVaR);
Normal95 = zeros(length(TestWindow),1);
Normal99 = zeros(length(TestWindow),1);

for t = TestWindow
   i = t - TestWindowStart + 1;
   EstimationWindow = t - EstimationWindowSize:t-1;
   Sigma = std(Returns(EstimationWindow));
   Normal95(i) = - Zscore(1) * Sigma;
   Normal99(i) = - Zscore(2) * Sigma;
end

figure;
plot(DateReturns(TestWindow),Normal95,"LineStyle","--")
hold on
plot(DateReturns(TestWindow),Normal99,"LineStyle","-")
xlabel('Date')
ylabel('VaR')
legend({'95% Confidence Level','99% Confidence Level'},'Location','northeast')
title('VaR Estimation Using the Normal Distribution Method')
```

图 8-2 为使用正态分布方法计算的 VaR 值。

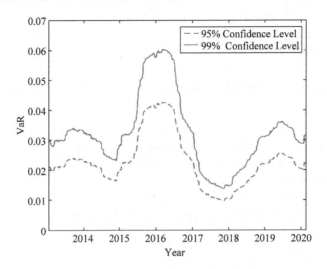

图 8-2　使用正态分布方法计算的 VaR 值

正态分布法也被称为参数 VaR,因为它的估计涉及计算收益标准差的参数。正态分布法的优点是简单。然而,正态分布法的缺点是假设收益是正态分布的。正态分布法的另一个名字是方差—协方差法。

2. 使用历史模拟方法计算 VaR

与正态分布法不同,历史模拟法是非参数法。它没有假设资产回报的特定分布。历史模拟通过假设过去的利润和损失可以用作下一时期回报的利润和损失的分配来预测风险。VaR"今天"的计算为"今天"之前最后 N 个返回值的第 p 个分位数。

```matlab
Historical95 = zeros(length(TestWindow),1);
Historical99 = zeros(length(TestWindow),1);

for t = TestWindow
    i = t - TestWindowStart + 1;
    EstimationWindow = t-EstimationWindowSize:t-1;
    X = Returns(EstimationWindow);
    Historical95(i) = -quantile(X,pVaR(1));
    Historical99(i) = -quantile(X,pVaR(2));
end

figure;
plot(DateReturns(TestWindow),Historical95,"LineStyle","--")
hold on
plot(DateReturns(TestWindow),Historical99,"LineStyle","-")
ylabel('VaR')
xlabel('Date')
legend({'95 % Confidence Level','99 % Confidence Level'},'Location',"northeast")
title('VaR Estimation Using the Historical Simulation Method')
```

图 8-3 为使用历史模拟方法计算的 VaR 值。

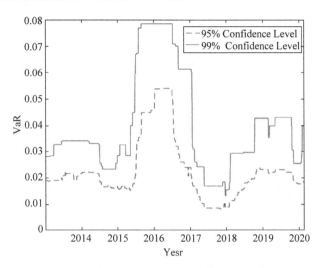

图 8-3　使用历史模拟方法计算的 VaR 值

从图 8-3 可以看出,历史模拟曲线呈分段常数剖面。其原因是,在极端事件发生之前,分位数在数天内不会发生变化。因此,历史模拟方法对波动率的变化反应较慢。

3. 使用指数加权移动平均法（EWMA）计算 VaR

前两个 VaR 方法假设所有过去的返回值具有相同的权重。指数加权移动平均法分配不相等的权重,特别是指数递减的权重。最近的回报率权重更高,因为它们对“今天”回报率的影响比过去更大。在估计窗口大小为 W_E 时,EWMA 的方差公式为:

$$\hat{\sigma}_t^2 = \frac{1}{c} \sum_{i=1}^{W_E} \lambda^{i-1} y_{t-i}^2 \tag{8.2}$$

其中 c 为归一化常数:

$$c = \sum_{i=1}^{W_E} \lambda^{i-1} = \frac{1-\lambda^{W_E}}{1-\lambda} \to \frac{1}{1-\lambda} \text{ 当 } W_E \to \infty \tag{8.3}$$

为了方便起见,我们假设一个无限大的估计窗口来近似方差:

$$\hat{\sigma}_t^2 \approx (1-\lambda)\left(y_{t-1}^2 + \sum_{i=2}^{\infty} \lambda^{i-1} y_{t-i}^2\right) = (1-\lambda)y_{t-1}^2 + \lambda\hat{\sigma}_{t-1}^2 \tag{8.4}$$

实际中常用的衰减因子值为 0.94。

初始化 EWMA,并迭代。

```
Lambda = 0.94;
Sigma2    = zeros(length(Returns),1);
Sigma2(1) = Returns(1)^2;


for i = 2 : (TestWindowStart - 1)
```

```
    Sigma2(i) = (1 - Lambda) * Returns(i - 1)^2 + Lambda * Sigma2(i - 1);
end
```

在测试窗口中使用 EWMA 来估计 VaR。

```
Zscore = norminv(pVaR);
EWMA95 = zeros(length(TestWindow),1);
EWMA99 = zeros(length(TestWindow),1);

for t = TestWindow
    k     = t - TestWindowStart + 1;
    Sigma2(t) = (1 - Lambda) * Returns(t - 1)^2 + Lambda * Sigma2(t - 1);
    Sigma = sqrt(Sigma2(t)); % VaR 为风险下对应的实际数值
    EWMA95(k) = - Zscore(1) * Sigma;
    EWMA99(k) = - Zscore(2) * Sigma;
end

figure;
plot(DateReturns(TestWindow),EWMA95,"LineStyle"," -- ")
hold on
plot(DateReturns(TestWindow),EWMA99,"LineStyle"," - ")
ylabel('VaR')
xlabel('Date')
legend({'95 % Confidence Level','99 % Confidence Level'},'Location','northeast')
title('VaR Estimation Using the EWMA Method')
```

图 8-4 为使用 EWMA 计算的 VaR 值。

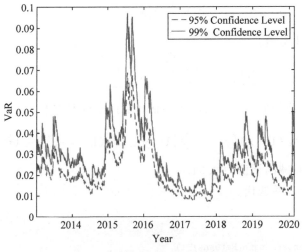

图 8-4　使用 EWMA 计算的 VaR 值

在图 8-4 中,EWMA 对大(或小)收益周期的反应非常快。

4．VaR 回溯检测

在本例的第一部分，在两个不同的 VaR 置信度水平上，用三种不同的方法在测试窗口上估计了 VaR。VaR 回测的目的是评估 VaR 模型的绩效。95％置信度下的 VaR 估计仅约 5％的时间被违反，并且 VaR 失败不会聚集。聚集的 VaR 失败表明缺乏独立性的时间，因为 VaR 模型对变化的市场条件反应缓慢。

VaR 回测分析的第一步通常是将收益和 VaR 估计值一起绘制出来。在 95％的置信水平上，运用以上三种方法估计 VaR 值，并将它们与收益率进行比较，如图 8-5 所示。

```
ReturnsTest = Returns(TestWindow);
DatesTest   = DateReturns(TestWindow);
figure;
plot(DatesTest,ReturnsTest)
hold on
plot(DatesTest, - Normal95,"LineStyle"," -- ","LineWidth",1,"Color",'black')
hold on
plot(DatesTest, - Historical95,"LineStyle"," - .","LineWidth",1,"Color",'red')
hold on
plot(DatesTest, - EWMA95,"LineStyle",":","LineWidth",1,"Color",'green')
ylabel('VaR')
xlabel('Date')
legend({'Returns','Normal','Historical','EWMA'},'Location','Best')
title('Comparison of returns and VaR at 95 % for different models')
```

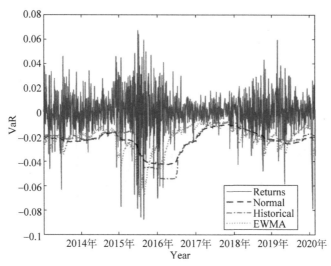

图 8-5　三种方法下的 VaR 值与收益率对比图

为了突出不同方法对变化的市场状况的不同反应，可以放大时间范围，在该时间序列中，收益值发生较大且突然的变化，例如，2018 年 8 月附近。

```
ZoomInd      = (DatesTest > = datestr('5 - Aug - 2018','local')) & (DatesTest < = datestr('31
- Oct - 2018','local'));
VaRData      = [ - Normal95(ZoomInd) - Historical95(ZoomInd) - EWMA95(ZoomInd)];
VaRFormat = {'-','--','-.'};
D = DatesTest(ZoomInd);
R = ReturnsTest(ZoomInd);
N = Normal95(ZoomInd);
H = Historical95(ZoomInd);
E = EWMA95(ZoomInd);
IndN95      = (R < - N);
IndHS95     = (R < - H);
IndEWMA95 = (R < - E);
figure;
bar(D,R,0.5,'FaceColor',[0.7 0.7 0.7]);
hold on
for i = 1 : size(VaRData,2)
    stairs(D - 0.5,VaRData(:,i),VaRFormat{i});
end
ylabel('VaR')
xlabel('Date')
legend({'Returns','Normal','Historical','EWMA'},'Location','Best','AutoUpdate','Off')
title('95 % VaR violations for different models')
ax = gca;
ax.ColorOrderIndex = 1;

plot(D(IndN95), - N(IndN95),'square',D(IndHS95), - H(IndHS95),'diamond',...

D(IndEWMA95), - E(IndEWMA95),'hexagram','MarkerSize',8,'LineWidth',1.5)
xlim([D(1) - 1, D(end) + 1])
hold off;
```

图 8-6 为三种方法的回溯检测图。

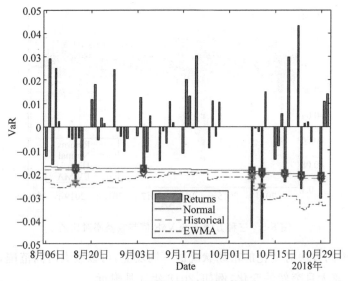

图 8-6　三种方法的回溯检测图

当回报的 VaR 为负时,就会发生 VaR 失效或违例。如果仔细观察 10 月 8 日至 11 日的情况,就会发现回报率大幅下降。从 10 月 8 日开始,EWMA 会更准确地跟踪收益趋势。因此,EWMA 比正态分布法(7 个失效,正方形泡泡)、历史模拟法(7 个失效,菱形泡泡)有更少的 VaR 失效(2 个失效,六角星泡泡)。

8.2　条件风险价值(CVaR)投资组合优化

由马科维茨创立的均值—方差(Mean-Variance)模型在期望效用模型的基础上对现代投资理论作出了巨大贡献。均值—方差模型分别用证券收益率的均值与方差反映资产的收益与风险状况。对金融机构和投资者来说,相对于资产价格向上波动,资产价格向下波动而使资产遭受损失是真正的风险。正是由于这一点,集中考虑资产价格向下波动风险的条件风险价值(Conditional Value at Risk,CVaR)作为对风险的度量获得广泛认可。运用 CVaR 作为风险度量,进行投资组合有更好的效果。值得注意的是,CVaR 也称为损失期望值(Expected Shortfall,ES)。事实上,损失期望值在风险管理中更常用。

8.2.1　CVaR 的定义

1. 定义

条件风险价值模型是指在正常市场条件下和一定的置信水平 $1-\alpha$ 上,测算出在给定的时间段内损失超过 VaR 值的条件期望值。

2. 计算公式

$$\text{CVaR}_\alpha = E(-X \mid -X \geqslant \text{VaR}_\alpha) \tag{8.5}$$

其中,X 表示资产的损益,VaR_α 是置信水平为 $1-\alpha$ 的 VaR 值。

8.2.2　CVaR 相对于 VaR 的改进

CVaR 模型在一定程度上克服了 VaR 模型的缺点。不仅考虑了超过 VaR 值的频率,而且考虑了超过 VaR 值损失的条件期望,有效地改善了 VaR 模型在处理损失分布的后尾现象时存在的问题。当证券组合损失的密度函数是连续函数时,CVaR 模型是一个一致性风险度量模型,具有次可加性。但当证券组合损失的密度函数不是连续函数时,CVaR 模型不再是一致性风险度量模型,即 CVaR 模型不是广义的一致性风险度量模型,需要进行一定的改进。

8.2.3　案例分析

例 8-2　以平安银行、万科 A、京东方 A、领益智造、广发证券、三花智控股票收益率序列为分析目标,模拟基于正态分布和经验分布的资产情景,使用 Portfolio CVaR 对象构建一个投资组合,评估有效边界(the Efficient Frontier),提取投资组合权重并计算投资组合的 CVaR。(股票随机选取,不代表投资建议。)

此节案例使用 MATLAB 实时脚本开发,将从数据加载及预处理、模拟资产场景,对比不同模型投资组合效果等方面讲解,文末为本节构建的支持函数。

1. 代码解析

(1) 加载数据及预处理

① 加载数据。

CVaR_data. xlsx 文件包含平安银行、万科 A、京东方 A、领益智造、广发证券、三花智控的历史收盘价数据。

```
clear; close all; clc; rng(0);
T = readtable('CVaR_data.xlsx',"PreserveVariableNames",true); % 变量名为中文,指定
PreserveVariableNames 为 True
```

② 构建投资组合。

```
symbol = {'平安银行','万科 A','京东方 A','领益智造','广发证券','三花智控'};
nAsset = numel(symbol);
```

③ 将股价转化为收益率。

```
ret = tick2ret(T{:,symbol});
```

④ 画出收益率柱形图,如图 8-7 所示。

```
plotAssetHist(symbol,ret)
```

(2) 模拟资产场景

① 设置模拟次数及模拟方法。

```
nScenario = 2000;
simulationMethod = 'Empirical'
```

```
simulationMethod = 'Empirical'
```

```
switch simulationMethod
    case 'Normal' % 基于正态分布
        AssetScenarios = mvnrnd(mean(ret),cov(ret),nScenario);
    case 'Empirical' % 基于 t-copula 的经验分布
        AssetScenarios = simEmpirical(ret,nScenario);
end
```

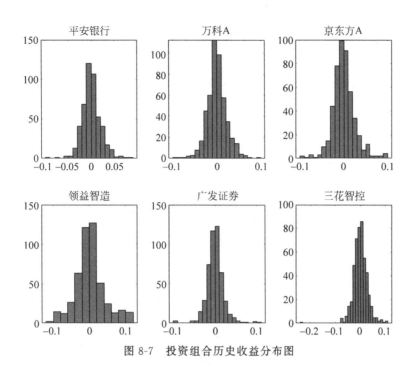

图 8-7　投资组合历史收益分布图

② 查看资产场景的直方图，如图 8-8 所示。

```
plotAssetHist(symbol,AssetScenarios)
```

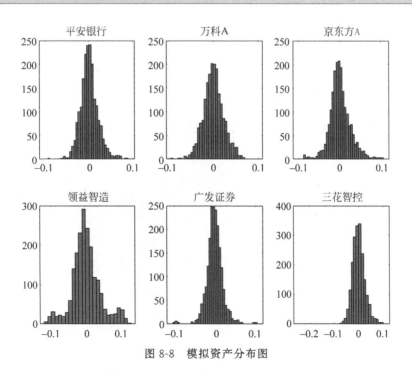

图 8-8　模拟资产分布图

（3）CVaR 投资组合优化

① 使用 portfoliovar 对象构造一个完全投资的只做多投资组合。

```
p1 = PortfolioCVaR('Scenarios', AssetScenarios);
p1 = setDefaultConstraints(p1);
p1 = setProbabilityLevel(p1, 0.95);
```

② 绘制有效边界并计算投资组合权重，如图 8-9 与图 8-10 所示。

```
figure;
w1 = estimateFrontier(p1);
plotFrontier(p1,w1);
plotWeight(w1, symbol, 'CVaR Portfolio');
```

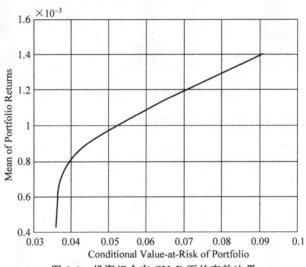

图 8-9　投资组合在 CVaR 下的有效边界

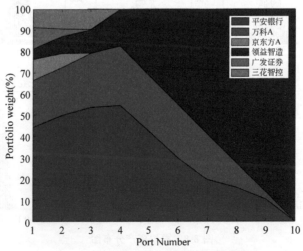

图 8-10　投资组合在 CVaR 下的权重

③ 可视化投资组合收益直方图

选择投资组合编号，用深色柱状图表示低于 VaR 水平的回报，如图 8-11 所示。

```
portNum = 5; % 在上图中选择"端口号"
plotCVaRHist(p1, w1, ret, portNum, 50)
```

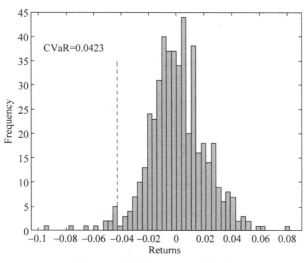

图 8-11　投资组合 VaR 值分布

（4）均值—方差投资组合优化

① 使用 portfolio 对象构造投资组合。

```
p2 = Portfolio;
p2 = setAssetList(p2, symbol);
p2 = estimateAssetMoments(p2, ret);
p2 = setDefaultConstraints(p2);
```

② 绘制有效边界并计算投资组合权重，如图 8-12 与图 8-13 所示。

```
w2 = estimateFrontier(p2);
plotFrontier(p2,w2);
plotWeight(w2, symbol, 'Mean – Variance Portfolio ');
```

（5）CVaR 投资组合优化对比均值—方差投资组合优化

① 估算投资组合的 CVaR 和收益。

```
pRet1 = estimatePortReturn(p1,w1);
pRisk1 = estimatePortRisk(p1,w1);
pRet2 = estimatePortReturn(p1,w2);
pRisk2 = estimatePortRisk(p1,w2);
```

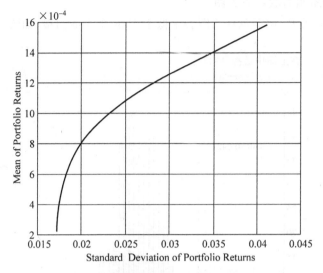

图 8-12　投资组合均值—方差下的有效边界

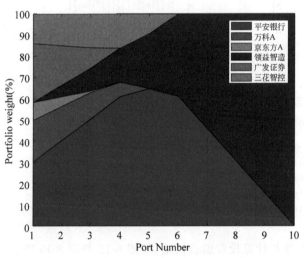

图 8-13　投资组合在均值—方差下的权重

② 绘制 CVaR 与均值—方差法有效前沿对比图，如图 8-14 所示。

```
figure
plot(pRisk1,pRet1,'-r',pRisk2, pRet2,'--b')
title('Efficient Frontiers (CVaR VS Mean-Variance)');
xlabel('Conditional Value-at-Risk of Portfolio');
ylabel('Mean of Portfolio Returns');
legend({'CVaR','Mean-Variance'},'Location','southeast')
```

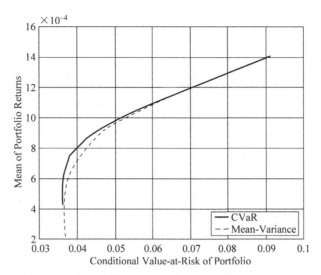

图 8-14 CVaR 和 Mean-Variance 的有效前沿对比图

③ 比较两种方法的投资组合权重,如图 8-15 所示。

```
plotWeight2(w1, w2, symbol)
```

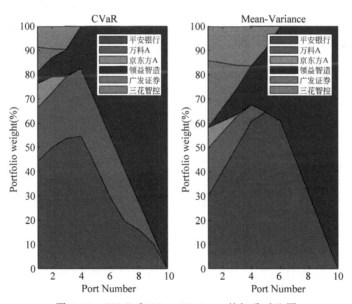

图 8-15 CVaR 和 Mean-Variance 的权重对比图

2. 支持函数

(1)模拟经验资产场景

```
function AssetScenarios = simEmpirical(ret,nScenario)
```

① 使用累积分布函数的核估计器将数据转换为 copula 尺度（单位平方）。

```
[nSample,nAsset] = size(ret);
u = zeros(nSample,nAsset);
for i = 1:nAsset
    u(:,i) = ksdensity(ret(:,i),ret(:,i),'function','cdf');
end
```

② 根据数据拟合一个 t -copula。

```
[rho, dof] = copulafit('t',u);
```

③ 从 copula 中随机抽取样本。

```
r = copularnd('t',rho,dof,nScenario);
```

④ 将随机样本转换回原始的数据规模。

```
AssetScenarios = zeros(nScenario,nAsset);
for i = 1:nAsset
    AssetScenarios(:,i) = ksdensity(ret(:,i),r(:,i),'function','icdf');
end
end
```

（2）绘制基础资产直方图

```
function plotAssetHist(symbol,ret)
figure
nAsset = numel(symbol);
plotCol = 3;
plotRow = ceil(nAsset/plotCol);
for i = 1:nAsset
    subplot(plotRow,plotCol,i);
    histogram(ret(:,i));
    title(symbol{i});
end
end
```

（3）绘制 CVaR 直方图

```
function plotCVaRHist(p, w, ret, portNum, nBin)
 % 此函数用于绘制收益率直方图,
 % 通过红色柱状图来强调低于 VaR 值的收益率,
 % 并使用垂直虚线来显示水平.
 % 给定 portNum 的投资组合回报
portRet = ret * w(:,portNum);
```

```
% 计算投资组合的 VaR 和 CVaR。
VaR = estimatePortVaR(p,w(:,portNum));
CVaR = estimatePortRisk(p,w(:,portNum));

% 将正数转换为负数
VaR = - VaR;
CVaR = - CVaR;

% 绘制主要的直方图
figure;
h1 = histogram(portRet,nBin);
title('Histogram of Returns');
xlabel('Returns')
ylabel('Frequency')
hold on;

% 使用红色柱状图强调低于 VaR 水平的收益率
edges = h1.BinEdges;
counts = h1.Values. * (edges(1:end - 1) < VaR);
h2 = histogram('BinEdges',edges,'BinCounts',counts);
h2.FaceColor = 'r';

% 添加 CVaR 线
plot([CVaR;CVaR],[0;max(h1.BinCounts) * 0.80],'-- r')

% 添加 CVaR 数值
text(edges(1), max(h1.BinCounts) * 0.85,['CVaR = ' num2str(round( - CVaR,4))])
hold off;
end
```

(4) 绘制投资组合权重

```
function plotWeight(w, symbol, title1)
% 此函数用于绘制投资组合的权重
figure;
w = round(w' * 100,1);
area(w);
ylabel('Portfolio weight ( % )')
xlabel('Port Number')
title(title1);
ylim([0 100]);
legend(symbol);
end
```

(5) 绘制均值—方差和 CVaR 投资组合优化对比图

```
function plotWeight2(w1, w2, symbol)
figure;
```

```
subplot(1,2,1)
w1 = round(w1' * 100,1);
area(w1);
ylabel('Portfolio weight ( % )')
xlabel('Port Number')
title('CVaR');
xlim([1 10])
ylim([0 100]);
legend(symbol);
subplot(1,2,2)
w2 = round(w2' * 100,1);
area(w2);
ylabel('Portfolio weight ( % )')
xlabel('Port Number')
title('Mean - Variance');
xlim([1 10])
ylim([0 100]);
legend(symbol);
end
```

习题

1. 根据提供的中国平安 2015 年 1 月 1 日至 2021 年 7 月 31 日期间交易日收盘价数据及其时间索引(601318.csv 文件),导入 MATLAB 保存为.mat 格式并绘制其历史收盘价曲线。

2. 根据第一题中的历史收盘价算出收益率并可视化。

3. 根据第一题中的数据,以 22 天(以交易日的 22 天当作一个月)为滑动窗口,计算中国平安历史标准差并可视化。

4. 参考教材,利用正态分布法计算中国平安 2016 年 1 月 1 日至 2021 年 7 月 31 日期间交易日月度 VaR 值。

5. 参考教材,利用历史模拟法计算中国平安 2016 年 1 月 1 日至 2021 年 7 月 31 日期间交易日月度 VaR 值。

第 9 章

金融数据机器学习处理

本章旨在帮助读者运用 MATLAB 构建金融数据中常用的方法及其运用,主要内容包括 K 均值算法、隐马尔科夫模型、支持向量机和长短期记忆网络的相关概念及其在金融数据中的应用,具体思路导图参考图 9-1。

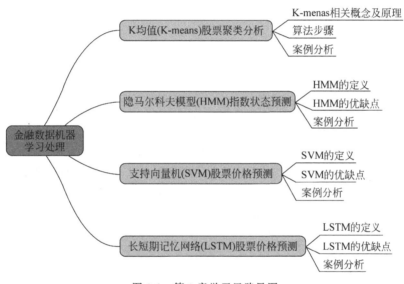

图 9-1　第 9 章学习思路导图

9.1　K 均值(K-means)股票聚类分析

数据聚类是将一个数据集分割成几个不相关联的子集(簇),被广泛应用于模式识别、图像对象提取、数据挖掘、数据压缩等领域。近年来,数据流处理作为一种从大数据中获取知识的有效方法受到了广泛关注。一个好的聚类方法是将相似的数据分配到同一个聚类中,而不同的数据分配到不同的聚类中。离群值是数据集中与大多数其他数据显著偏离的数据。K-means 算法是最常用的简单聚类方法。对于大量的高维数值数据,它提供了一种有效的分类方法,可以将相似的数据分类到同一聚类中。鉴于此,聚类分析可以运用到量化选股和因子选择中,为投资者提供决策依据。

9.1.1　K-means 相关概念及原理

1. K-means 的相关概念

K 值：要得到的簇的个数。

质心：每个簇的均值向量，即向量各维取平均即可。

距离量度：常用欧几里得距离和余弦相似度。

2. K-means 的原理

K 均值聚类将数据中的观测值视为具有位置和相互间距离的对象。它将对象划分为 K 个互斥簇，使每个簇中的对象尽可能彼此靠近，并尽可能远离其他簇中的对象。每个簇的特性由其质心或中心点决定。当然，聚类中使用的距离通常不代表空间距离。

9.1.2　算法步骤

K-means 算法（S、K）：

输入：数据集和需要聚类的数量 K 值。

输出：K 个不相交的聚类簇。

（1）从 S 中随机选取 K 个数据作为 K 个簇的簇中心。

（2）以基准点和每个簇中心之间的最短距离将每个基准点分类到簇中。

（3）仅根据集群中的数据重新计算每个集群的中心。

（4）当新的聚类中心与前一次迭代得到的聚类中心相同时，输出聚类结果；否则执行步骤（2）。

9.1.3　案例分析

例 9-1　以上证 50 成分股相关数据作为特征，进行股票聚类分析，观测不同股票间的相似性和相异性，对比不同的 K 值对股票聚类的影响。

此节案例使用 MATLAB 实时脚本开发，将从数据加载、观测值合成、不同 K 值聚类效果对比等方面讲解。

代码解析如下：

（1）加载数据及测量值合成

加载上证 50 成分股数据，sz50_factors.mat 包含上证 50 成分股股票简称（StockName）、每股收益（EPS）、每股净资产（NAVPS）、净资产收益率（ROE）。

```
rng(2021);                              % 固定随机种子
load sz50_factors.mat
sz50_factors = [ROE,NAVPS,EPS];         % 合成测量值
```

（2）进行 Kmeans 聚类分析

分类簇设置为 2，使用平方欧几里得距离。

```
[cidx2,cmeans2] = kmeans(sz50_factors,2,'dist','sqeuclidean');
                            % dist 参数可以根据需要调整,这里使用平方欧几里得距离
```

（3）绘制 K＝2 聚类轮廓图

绘制聚类轮廓图并找出特征值，如图 9-2 所示。

```
[silh2,h] = silhouette(sz50_factors,cidx2,'sqeuclidean');
cluster_2 = find(cidx2 == 2) % 找出第二簇测量值对应的序号
    cluster_2 = 37
```

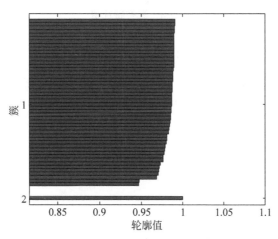

图 9-2　K＝2 的聚类轮廓图

（4）绘制特征值对应的股票序号

```
stem(cidx2);
text(cluster_2,cidx2(cluster_2),StockName(cluster_2),'Color','red','FontSize',14)
xlabel('股票序号')
ylabel('簇')
xlim([0.0 50.0])
ylim([0.00 2.10])
```

图 9-3 为聚类特征值。

从图 9-2 中可以看出，两个簇中的大多数点都具有较大的轮廓值（大于 0.93），表明这些点可以与相邻簇很好地区分。第二簇尤其特殊，只有一个测量值（贵州茅台），可看出这两簇之间具有极大的相异性。

（5）绘制 K＝2 三维图观察测量值分布

使用不同符号表示不同簇，通过轮廓观察测量值之间的异同。

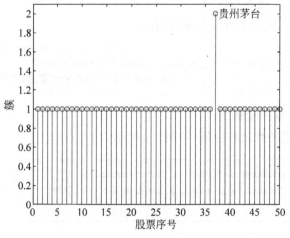

图 9-3　聚类特征值

```
ptsymb = {'bs','r^','md','go','c + '};
for i = 1:2
    clust = find(cidx2 == i);
    plot3(sz50_factors(clust,1),sz50_factors(clust,2),sz50_factors(clust,3),ptsymb{i});
    hold on
end

hold off
xlabel('Sepal Length');
ylabel('Sepal Width');
zlabel('Petal Length');
view( - 137,10);
grid on
```

图 9-4 为 K＝2 的三维聚类图。

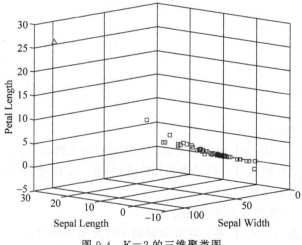

图 9-4　K＝2 的三维聚类图

（6）不同 K 值的聚类效果对比

分类簇设置为 3，使用平方欧几里得距离。

```
[cidx3,cmeans3] = kmeans(sz50_factors,3,'Distance',"sqeuclidean"); % 此处分类簇设置为 3
```

（7）绘制 K＝3 聚类轮廓图

```
[silh3,h] = silhouette(sz50_factors,cidx3,'sqeuclidean');
```

图 9-5 为 K＝3 的聚类轮廓图。

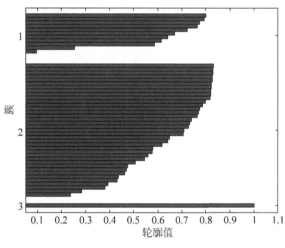

图 9-5　K＝3 的聚类轮廓图

（8）绘制 K＝3 三维图观察测量值分布

```
for i = 1:3
    clust = find(cidx3 == i);
plot3(sz50_factors(clust,1),sz50_factors(clust,2),sz50_factors(clust,3),ptsymb{i});
    hold on
end
hold off
xlabel('Sepal Length');
ylabel('Sepal Width');
zlabel('Petal Length');
view(-137,10);
grid on
```

图 9-6 为 K＝3 的三维聚类图。

可以看到，K-means 已将双簇解中的下方簇一分为二，而且这两个簇非常接近。跟之前的双簇解相比，这个三簇解下方两簇混合在一起。

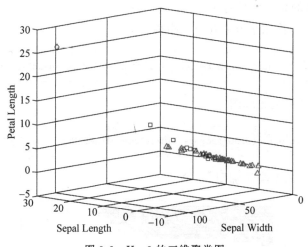

图 9-6   K＝3 的三维聚类图

（9）分类簇效果对比

使用轮廓图均值，比较聚类效果。均值越大表明聚类效果越好。

```
[mean(silh2) mean(silh3)]
```

ans = 1×2
    0.9800   0.6356

此例中，K＝2 聚类效果较好。对于不同的聚类数据，可以使用不同的 K 值和距离测度方式，根据实验结果选择较优的参数。

9.2   隐马尔科夫模型（HMM）指数状态预测

隐马尔科夫模型（Hidden Markov Model，HMM）是一种有限状态机，它具有一定数量的状态，为多元观测的时间序列建模提供了一个概率框架。HMM 是 20 世纪 70 年代初被引入语音识别领域的一种工具，这种基于统计方法的模型由于其强大的数学结构和理论基础得到了越来越广泛的应用。近年来，研究人员提出 HMM 作为语音信号识别的分类器或预测器、DNA 序列分析、手写字符识别、自然语言域等。显然，HMM 对于各种应用来说是一个非常强大的工具，这也包括其在股票市场的应用。

9.2.1   HMM 的定义

1. 定义

隐马尔科夫模型是关于时序的概率模型，描述由一个隐藏的马尔科夫链随机生成不可观测的状态序列的过程，再由各个状态生成一个观测而产生观测随机序列的过程。

2．构成

一个隐马尔科夫模型由三组参数构成，记作 $\lambda=(\pi,A,B)$。

π：初始状态概率，在初始时刻各状态出现的概率，记作 $\pi=(\pi_1,\pi_2,\cdots,\pi_n)$，其中 $\pi_i=P(y_i=s_i)$，$1\leqslant i\leqslant N$，其表示模型初始状态为 s_i 的概率。

A：状态转移概率，模型在各个状态间转换的概率，记作 $A=[a_{ij}]_{N\times N}$，其中 $a_{ij}=P(y_{t+1}=s_j\,|\,y_t=s_i)$，$1\leqslant i,j\leqslant N$，其表示在 t 时刻状态为 s_i 时，下一刻为 s_j 的概率。

B：输出观测概率，模型在各个状态间转换的概率，记作 $B=[b_{ij}]_{N\times M}$，其中 $b_{ij}=P(x_t=o_j\,|\,y_t=s_i)$，$1\leqslant i\leqslant N$，$1\leqslant j\leqslant M$，其表示在 t 时刻状态为 s_i 时，观测值 o_j 被获取的概率。

在状态转移矩阵及混淆矩阵中的每一个概率都是时间无关的——也就是说，当系统演化时这些矩阵并不随时间改变。实际上，这是马尔科夫模型关于真实世界最不现实的一个假设。

在股票市场实际的应用中通常需要解决的问题是：给定模型 $\lambda=(\pi,A,B)$ 和观测序列 $X=\{x_1,x_2,\cdots,x_n\}$，如股票市场的收益率、成交量、收盘价等序列，找到此观测序列最匹配的状态序列 $Y=\{y_1,y_2,\cdots,y_n\}$，如股市处于上涨还是下跌状态。

9.2.2　HMM 的优缺点

1．优点

(1) HMM 有很强的统计基础；
(2) 能够稳健地处理新数据；
(3) 计算效率高，便于开发和评估；
(4) 能够有效地预测相似的模式。

2．缺点

(1) HMM 模型是无记忆性的，不能利用上下文的信息；
(2) 目标函数与预测目标函数不匹配。

9.2.3　案例分析

例 9-2　以 2018 年 1 月 1 日到 2020 年 12 月 31 日期间沪深 300 指数相关数据为分析目标，运用 HMM 模型挖掘指数状态，判别指数的上涨或下跌趋势。

此节案例使用 MATLAB 实时脚本开发，将从数据加载、HMM 状态设置、模型训练以及指数状态趋势分析等方面讲解。

代码解析如下：

(1) 加载数据

加载沪深 300 历史交易数据，hs300_18to20.mat 包含沪深 300 指数日度最高价、开盘价、最低价、收盘价的时间序列数据。

```
rng(2021);                                      %随机种子设置
load hs300_18to20.mat
```

（2）设置判断窗口为 30 天

```
dayline = 30;                                   % 取 30 天作时间窗口用作判断
daylinep = dayline + 1;                         % 预测的当前日
flag2 = [ ];                                     % 交易信号
flag2(1:dayline,1) = 0.5;                        % 初始化,前 30 天无警报
spreadseq = [ ];seq = [ ];                       % 初始化
spread = Open - Close;                           % 设置为隐含状态
backtest_time = length(Dates);                   % 回测时长
observation = ((High + Low)./2) - Close;         % 观测值
```

（3）定义观测状态及隐藏状态数

```
for x = 1 : backtest_time
  if observation(x,1) < 0
     spreadseq(x,1) = 1;    % 观测数值小于 0,观测序列中观测状态设为 1
  else
     spreadseq(x,1) = 2;    % 观测数值大于或等于 0,观测序列中观测状态设为 2
  end
  if spread(x,1) < 0
     spread1seq(x,1) = 1;   % 开盘价小于收盘价,当前分钟指数上升,隐含状态设为 1
  else
     spread1seq(x,1) = 2;   % 开盘价大于等于收盘价,当前分钟指数下跌或不变,隐含状态设为 2
  end
end
```

（4）训练 HMM 模型及状态预测

```
for i = (daylinep):backtest_time
  istart = i-dayline; iend = i-1;
  seqstates(1:(dayline-1),1) = spread1seq((istart+1):iend,1); % 标定训练隐含状态序列
  seqest(1:(dayline-1),1) = spreadseq(istart:(iend-1),1);      % 标定训练观测状态序列
     % 注意训练的观测序列和预测的观测序列有一步的时间差
  seq(1:dayline,1) = spreadseq(istart:iend,1);           % 标定预测问题中的观测序列
  [ESTTRAN,ESTEMIT] = hmmestimate(seqest,seqstates);    % 学习问题中监督方法求解
  ESTSTATES = hmmviterbi(seq,ESTTRAN,ESTEMIT);          % 预测问题中 Viterbi 算法求解
  if ESTSTATES(end,1) == 1
     flag2(i,1) = 1;                                     % 隐含状态为 1 时预测上升
  else
     flag2(i,1) = 0;                                     % 隐含状态为 2 时预测下跌
  end
end
```

（5）绘制预测的隐藏状态图

```
x1 = 0;
x2 = 0;
 for i = 1:backtest_time
     if flag2(i,1) == 1
         x1 = x1 + 1;
         Close1(x1,1) = Close(i,1);
         Dates_1(x1,1) = Dates(i,1);
     else
         x2 = x2 + 1;
         Close2(x2,1) = Close(i,1);
         Dates_2(x2,1) = Dates(i,1);
     end
 end
 h1 = figure(3);
 plot(Dates_1(:,1),Close1(:,1),'LineStyle','none','color','yellow','Marker','square',
'MarkerSize',2);
 hold on;
plot(Dates_2(:,1),Close2(:,1),'LineStyle','none','color','black','Marker','o','MarkerSize',2);
 hold on;
 xlabel('日期');
 ylabel('转移信号');
 xlim('auto')
 ylim('auto')
%    xlim([datetime(2019,1,1,0,0,0)...
%        datetime(2021,1,1,0,0,0)])
% ylim([2700 5500])
 legend('状态 1','状态 2');
```

图 9-7 为 HMM 模型指数状态预测图。

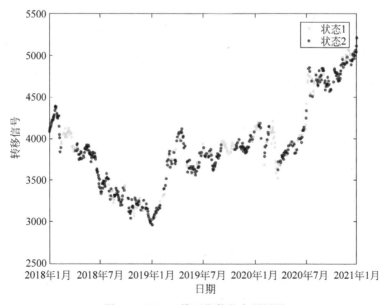

图 9-7　HMM 模型指数状态预测图

此例设置了两种隐含状态,灰色圆圈为状态 1,黑色方块为状态 2。设置观测窗口为 30 天,当隐含状态为灰色圆圈集中时,后市有上涨趋势。

本例仅使用了简单的观测序列及隐含状态数,如有兴趣,可进行多指标尝试。

9.3 支持向量机(SVM)股票价格预测

支持向量机(Support Vector Machine,SVM)是在统计学习理论基础上发展形成的机器学习方法。其理论基础主要是 VC 维理论和结构风险最小化原理,是建立在几何距离基础上的一种学习算法。由于其在解决小样本、高维数据和非线性问题方面展现出特有的优势,众多学者将支持向量机模型用于股票预测领域。

9.3.1 SVM 的定义

SVM 是一种分类算法,但是也可以做回归,根据输入的数据不同可做不同的模型。通过寻求结构化风险最小来提高学习机泛化能力,实现经验风险和置信范围的最小化,从而达到在统计样本量较少的情况下,亦能获得良好统计规律的目的。通俗来讲,它是一种二类分类模型,其基本模型定义为特征空间上的间隔最大的线性分类器,即 SVM 的学习策略便是间隔最大化,最终可转化为一个凸二次规划问题的求解。

9.3.2 SVM 的优缺点

1. 优点

(1) 可用于线性/非线性分类,也可以用于回归;

(2) 低泛化误差;

(3) 容易解释;

(4) 计算复杂度较低;

(5) 可以解决高维问题。

2. 缺点

(1) 对参数和核函数的选择比较敏感;

(2) 原始的 SVM 只比较擅长处理的二分类问题。

9.3.3 案例分析

例 9-3 以 2016 年 7 月 1 日到 2020 年 12 月 31 日期间股票"万科 A"股票价格相关时间序列为分析目标,基于单因子和多因子特征,运用 SVM 回归预测股票价格,并对比两种方法的效果。

此节案例使用 MATLAB 实时脚本开发,将从数据加载及可视化、模型训练、股价预测及不同模型效果对比等方面讲解。

代码解析如下:

（1）加载数据及可视化

加载万科 A 历史交易数据，svm_forecast.mat 包含股票万科 A 的开盘价、收盘价、日最高价、日最低价和日指数收益率。

```
rng(2021);
load svm_forecast.mat

figure %绘制万科 A 收盘价时序图
plot(DATE,CLOSE)
xlabel('日期')
ylabel('收盘价')
title('万科 A 2016 年 7 月至 2020 年 12 月收盘价')
```

图 9-8 为万科 A 历史收盘价图。

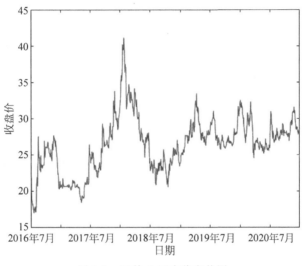

图 9-8　万科 A 历史收盘价图

（2）划分训练集和测试集

序列的前 90％用于训练，后 10％用于测试。

```
numTimeStepsTrain = floor(0.9 * numel(CLOSE));
dataTrain = CLOSE(1:numTimeStepsTrain + 1);
dataTest = CLOSE(numTimeStepsTrain + 1:end); %实际值
DATE_test = DATE(numTimeStepsTrain + 1:end);
```

（3）使用单因子模型，准备预测变量及其响应

要预测序列在将来时间步的值，将响应指定为将值移位了一个时间步的训练序列。也就是说，在输入序列的每个时间步，SVM 模型都学习预测下一个时间步的值。预测变量是没有最终时间步的训练序列。使用历史值预测将来值，符合股票价格预测前提。

```
XTrain = dataTrain(1:end-1);
YTrain = dataTrain(2:end);%划分训练集
```

（4）构建单因子 SVM 回归模型并训练

```
model = fitrsvm(XTrain,YTrain);
```

（5）预测将来时间步股价

```
XTest = dataTest(1:end-1);%给实际值留一位
YPred = predict(model,XTest);
rmse = sqrt(mean((YPred-dataTest(2:end)).^2));
```

（6）绘制预测值与实际值对比图

绘制对比图，并计算均方根误差（RMSE），如图 9-9 所示。

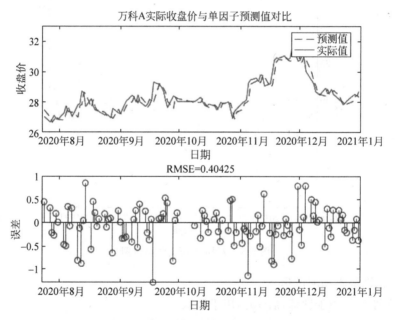

图 9-9　单因子预测对比图及 RMSE

```
figure
subplot(2,1,1)
plot(DATE_test(2:end),YPred,'--')
xlabel('日期')
ylabel('收盘价')
title('万科 A 实际收盘价与预测值对比')
hold on;
plot(DATE_test(2:end),dataTest(2:end))
```

```
legend({'预测值','实际值'});
xlim([datetime(2020,7,22,19,38,32)...
      datetime(2021,1,1,1,26,55)])
ylim([26 33])
subplot(2,1,2)
stem(DATE_test(2:end),YPred - dataTest(2:end))
xlabel("日期")
ylabel("误差")
title("RMSE = " + rmse)
xlim([datetime(2020,7,22,19,38,32)...
      datetime(2021,1,1,1,26,55)])
```

（7）使用多因子模型，准备预测变量及其响应

```
data_tb = [CLOSE,LOW,HIGH,OPEN,RETURN]; % 将收盘价、最低价、最高价、开盘价和收益率用于
                                        % 第二日收盘价预测
data_tb_Train = data_tb(1:numTimeStepsTrain + 1,:);
data_tb_Test = data_tb(numTimeStepsTrain + 1:end,:);
tb_XTrain = data_tb_Train(1:end - 1,:);
tb_XTest = data_tb_Test(1:end - 1,:);      % 给实际值保留一位
```

（8）构建多因子 SVM 回归模型并训练

```
model_tb = fitrsvm(tb_XTrain,YTrain);
```

（9）预测将来时间步股价

```
YPred_tb = predict(model_tb,tb_XTest);
rmse_tb = sqrt(mean((YPred_tb - dataTest(2:end)).^2));
```

（10）绘制预测值与实际值对比图

绘制对比图，并计算均方根误差（RMSE），如图 9-10 所示。

```
figure
subplot(2,1,1)
plot(DATE_test(2:end),YPred_tb,'-- ')
xlabel('日期')
ylabel('收盘价')
title('万科 A 实际收盘价与多因子预测值对比')
hold on;
plot(DATE_test(2:end),dataTest(2:end))
legend({'预测值','实际值'});
xlim([datetime(2020,7,22,19,38,32)...
      datetime(2021,1,1,1,26,55)])
ylim([26 33])
```

```
subplot(2,1,2)
stem(DATE_test(2:end),YPred - dataTest(2:end))
xlabel("日期")
ylabel("误差")
title("RMSE = " + rmse_tb)
xlim([datetime(2020,7,22,19,38,32)...
      datetime(2021,1,1,1,26,55)])
```

图 9-10　多因子预测对比图及 RMSE

综上,基于多因子 SVM 回归预测较单因子模型更为准确,这里并未详细研究因子的构造,可自由构建因子进行尝试。

9.4　长短期记忆网络(LSTM)股票价格预测

深度学习在语音识别、计算机视觉和自然语言处理等领域取得了重大突破,也可以被看作实现时间序列预测的有效工具。深度学习在本质上是多层神经网络,其主要模型包括卷积神经网络(Convolutional Neural Networks,CNN)和循环神经网络(Recurrent Neural Network,RNN)。利用深度模型来预测时间序列在本质上与其他领域没有太大区别,只需对模型的输入和输出做好严格定义,这也适用于股票价格时间序列预测。最常用的模型是长短期记忆网络(Long Short-Term Memory,LSTM)模型,最早由 Hochreiter、Schmidhuber 于 1997 年提出,该模型由于能更好地发现长期依赖关系而被广泛用于处理时间序列信息。LSTM 可以看作特殊的 RNN,主要解决长序列训练过程中的梯度消失及梯度爆炸问题。

9.4.1　LSTM 的定义

LSTM 能够较好地处理时间序列数据长期依赖性,是一种特殊的循环神经网络。LSTM 网络的基本组成部分是 LSTM 单元,它是通过长时间记忆网络参数来解决消失梯度问题的。LSTM 网络的每个单元在不同的时间步长进行操作,并将其输出传递给下一个块,直到最后一个 LSTM 块生成顺序输出。LSTM 主要包括三个门控制器,分别是遗忘门、输入门和输出门。

9.4.2　LSTM 的优缺点

1. 优点

解决了传统 RNN 可能存在梯度消失或者爆炸问题,很好地解决了序列的长期依赖问题。

2. 缺点

当数据量较小时容易产生过拟合问题。

9.4.3　案例分析

例 9-4　以 2018 年 1 月 1 日到 2020 年 12 月 31 日期间股票"京东方A"收盘价时间序列为分析目标,LSTM 预测股票价格,并对比其与人工神经网络(Artificial Neural Network,ANN)和支持向量机(SVM)的预测效果。

此节案例使用 MATLAB 实时脚本开发,将从数据加载及可视化、数据标准化及训练集和测试集划分、模型训练及预测效果对比等方面讲解。

1. 代码解析

(1) 加载数据及可视化

加载京东方历史交易数据,lstm_forecast.mat 包含京东方股价时间序列,其时间步为对应的时期,值对应于每日收盘价。输出是一个元胞数组,其中每个元素均为单一时间步。将数据重构为行向量。

```
rng(2021);        % 固定随机种子
load lstm_forecast.mat
data = BOE';      % 将数据转置为行向量,满足 LSTM 神经网络输入要求

figure            % 绘制京东方收盘价时序图
plot(dates,data)
xlabel("日期(date)")
ylabel("股价(price)")
title("京东方(BOE)2018 年 3 月至 2020 年 3 月收盘价")
```

```
xlim([datetime(2018,3,1,0,0,0)...
      datetime(2020,3,1,0,0,0)])
ylim([2.50 6.50])
```

图 9-11 为京东方历史收盘价图。

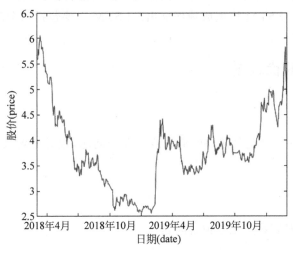

图 9-11   京东方历史收盘价图

（2）划分训练集和测试集

序列的前 90％用于训练，后 10％用于测试。

```
numTimeStepsTrain = floor(0.9 * numel(data));
dataTrain = data(1:numTimeStepsTrain + 1);
dataTest = data(numTimeStepsTrain + 1:end);
```

（3）数据标准化

为了获得较好的拟合并防止训练发散，将训练数据标准化为具有零均值和单位方差。
在预测时，使用与训练数据相同的参数来标准化测试数据。

```
mu = mean(dataTrain);
sig = std(dataTrain);
dataTrainStandardized = (dataTrain - mu) / sig;
```

（4）准备预测变量及其响应

要预测序列在将来时间步的值，将响应指定为将值移位了一个时间步的训练序列。
也就是说，在输入序列的每个时间步，LSTM 网络都学习预测下一个时间步的值。预
测变量是没有最终时间步的训练序列。使用历史值预测将来值，符合股票价格预测
前提。

```
XTrain = dataTrainStandardized(1:end-1);
YTrain = dataTrainStandardized(2:end);
dataTestStandardized = (dataTest - mu) / sig;
XTest = dataTestStandardized(1:end-1);
YTest = dataTest(2:end);
```

2. 定义 LSTM 网络架构

（1）创建 LSTM 回归网络

指定 LSTM 层有 200 个隐含单元。

```
numFeatures_LSTM = 1;
numResponses_LSTM = 1;
numHiddenUnits_LSTM = 200;
layers = [ ...
    sequenceInputLayer(numFeatures_LSTM)          % 输入层
    lstmLayer(numHiddenUnits_LSTM)                % LSTM 网络层
    fullyConnectedLayer(numResponses_LSTM)        % 全连接层
    regressionLayer];                             % 输出层
```

（2）指定训练选项

将求解器设置为'adam'并进行 250 轮训练。要防止梯度爆炸，请将梯度阈值设置为 1。指定初始学习率 0.005，在 125 轮训练后通过乘以因子 0.2 来降低学习率。其中各项参数值可自由调节，以训练较优的模型。此例参数为随机设置，未调参。

```
options = trainingOptions('adam', ...
    'MaxEpochs',250, ...
    'GradientThreshold',1, ...
    'InitialLearnRate',0.005, ...
    'LearnRateSchedule','piecewise', ...
    'LearnRateDropPeriod',125, ...
    'LearnRateDropFactor',0.2, ...
    'Verbose',0, ...
    'Plots','training-progress');
```

（3）训练 LSTM 网络

使用 trainNetwork 以指定的训练选项训练 LSTM 网络，如图 9-12 所示。

```
net_LSTM = trainNetwork(XTrain,YTrain,layers,options);
```

（4）使用观测值更新网络状态

根据测试集中的收盘价更新时间步的值，使用观测值而不是预测值更新网络状态。使用每日实时数据更新网络，可以获得更多的特征。

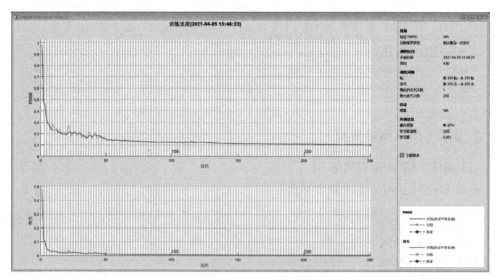

图 9-12　LSTM 网络训练图

首先，初始化网络状态。要对新序列进行预测，请使用 resetState 重置网络状态。重置网络状态可防止先前的预测影响对新数据的预测。重置网络状态，然后通过对训练数据进行预测来初始化网络状态。

```
net_LSTM = resetState(net_LSTM);
net_LSTM = predictAndUpdateState(net_LSTM,XTrain);
```

（5）对每个时间步进行预测

对于每次预测，使用前一时间步的观测值预测下一个时间步。将 predictAndUpdateState 的 'ExecutionEnvironment' 选项设置为 'gpu'。

```
YPred_LSTM = [ ];
numTimeStepsTest = numel(XTest);
for i = 1:numTimeStepsTest
    [net,YPred_LSTM(:,i)] = predictAndUpdateState(net_LSTM,XTest(:,i),'ExecutionEnvironment',
'gpu');
end
```

（6）对预测值进行反标准化，还原预测股价

```
YPred_LSTM = sig * YPred_LSTM + mu;
```

（7）计算均方根误差（RMSE）

```
rmse_LSTM = sqrt(mean((YPred_LSTM – YTest).^2))
```

rmse_LSTM = 0.1951

（8）将预测值与测试真实值进行对比

```
figure
subplot(2,1,1)
plot(YTest)
hold on
plot(YPred_LSTM,'.-')
hold off
legend(["Observed" "Predicted"])
ylabel("价格(price)")
title("Forecast with LSTM")
subplot(2,1,2)
stem(YPred_LSTM - YTest)
xlabel("日期(date)")
ylabel("Error")
title("RMSE = " + rmse_LSTM)
```

图 9-13 为 LSTM 预测对比图及 RMSE。

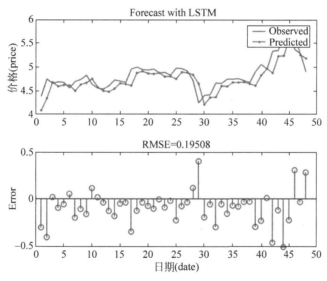

图 9-13　LSTM 预测对比图及 RMSE

3. 定义 ANN 网络架构

（1）创建 ANN 回归网络

指定 ANN 层有 200 个隐含单元。

```
numFeatures_ANN = 1;
numResponses_ANN = 1;
numHiddenUnits_ANN = 200;
layers = [ ...
```

```
sequenceInputLayer(numFeatures_ANN)              % 输入层
fullyConnectedLayer(numHiddenUnits_ANN)          % ANN 网络层
fullyConnectedLayer(numResponses_ANN)            % 全连接层
regressionLayer];                                % 输出层
```

（2）指定训练选项

将求解器设置为 'adam' 并进行 250 轮训练。要防止梯度爆炸，请将梯度阈值设置为 1。指定初始学习率 0.005，在 125 轮训练后通过乘以因子 0.2 来降低学习率。其中各项参数值可自由调节，以训练较优的模型。此例参数为随机设置，未调参。

```
options = trainingOptions('adam', ...
    'MaxEpochs',250, ...
    'GradientThreshold',1, ...
    'InitialLearnRate',0.005, ...
    'LearnRateSchedule','piecewise', ...
    'LearnRateDropPeriod',125, ...
    'LearnRateDropFactor',0.2, ...
    'Verbose',0, ...
    'Plots','training-progress');
```

（3）训练 ANN 网络

使用 trainNetwork 以指定的训练选项训练 ANN 网络，如图 9-14 所示。

```
net_ANN = trainNetwork(XTrain,YTrain,layers,options);
```

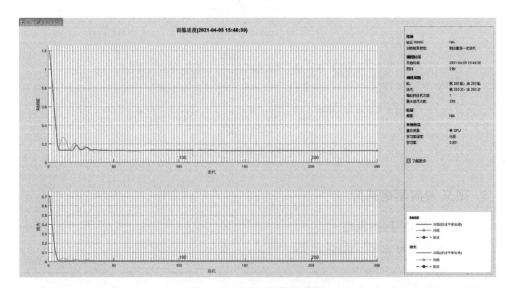

图 9-14　ANN 网络训练图

（4）使用观测值更新网络状态

根据测试集中的收盘价更新时间步的值，使用观测值而不是预测值更新网络状态。

使用每日实时数据更新网络,可以获得更多的特征。

首先,初始化网络状态。要对新序列进行预测,请使用 resetState 重置网络状态。重置网络状态可防止先前的预测影响对新数据的预测。重置网络状态,然后通过对训练数据进行预测来初始化网络状态。

```matlab
net_ANN = resetState(net_ANN);
net_ANN = predictAndUpdateState(net_ANN,XTrain);
```

(5) 对每个时间步进行预测

对于每次预测,使用前一时间步的观测值预测下一个时间步。将 predictAndUpdateState 的'ExecutionEnvironment'选项设置为'gpu'。

```matlab
YPred_ANN = [ ];
numTimeStepsTest = numel(XTest);
for i = 1:numTimeStepsTest
    [net,YPred_ANN(:,i)] = predictAndUpdateState(net,XTest(:,i),'ExecutionEnvironment',
'gpu');
end
```

(6) 对预测值进行反标准化,还原预测股价

```matlab
YPred_ANN = sig * YPred_ANN + mu;
```

(7) 计算均方根误差(RMSE)

```matlab
rmse_ANN = sqrt(mean((YPred_ANN - YTest).^2))
```

```
rmse_ANN = 0.2124
```

(8) 将预测值与测试真实值进行对比

```matlab
figure
subplot(2,1,1)
plot(YTest)
hold on
plot(YPred_ANN,'. - ')
hold off
legend(["Observed" "Predicted"])
ylabel("Cases")
title("Forecast with ANN")
subplot(2,1,2)
stem(YPred_ANN - YTest)
xlabel("日期(date)")
ylabel("Error")
title("RMSE = " + rmse_ANN)
```

图 9-15 为 ANN 预测对比图及 RMSE。

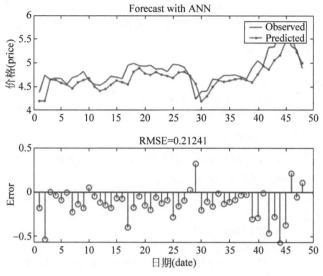

图 9-15　ANN 预测对比图及 RMSE

4. 定义 SVM 回归模型并训练

```
model = fitrsvm(XTrain',YTrain'); % SVM 模型中输入向量为 LSTM 和 ANN 的输入向量的转置
```

（1）预测将来时间步股价

```
XTest_SVM = XTest'; % 给实际值留一位
YPred_SVM = predict(model,XTest_SVM);
YPred_SVM = sig * YPred_SVM + mu;
YPred_SVM = YPred_SVM';
```

（2）计算均方根误差（RMSE）

```
rmse_SVM = sqrt(mean((YPred_SVM - YTest).^2))
```

rmse_SVM = 0.1834

（3）将预测值与测试真实值进行对比

```
figure
subplot(2,1,1)
plot(YTest)
hold on
plot(YPred_SVM,'. - ')
hold off
```

```
legend(["Observed" "Predicted"])
ylabel("价格(price)")
title("Forecast with SVM")
subplot(2,1,2)
stem(YPred_SVM - YTest)
xlabel("日期(date)")
ylabel("Error")
title("RMSE = " + rmse_SVM)
```

图 9-16 为 SVM 预测对比图及 RMSE。

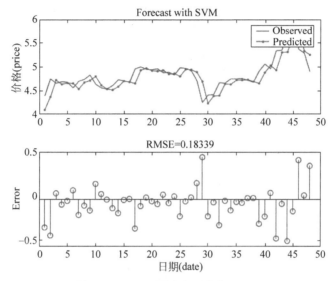

图 9-16　SVM 预测对比图及 RMSE

模型预测效果对比如表 9-1 所示。

表 9-1　模型预测效果对比

模型	SVM	ANN	LSTM
RMSE	0.18339	0.21241	0.19508

习题

1. 参考教材,利用聚类方法对科创 50 指数的成分股进行分析,聚类特征包括收盘价、权重和当日涨跌幅。

2. 参考教材,将沪深 300 历史数据收盘价数据(2011 年 1 月至 2021 年 7 月)按 9∶1划分为训练集和测试集,利用支持向量机方法(SVM)进行收盘价预测,计算预测误差并可视化。

3. 参考教材,根据第二题中的数据,对比分析 LSTM 模型与 SVM 模型在收盘价预测中的区别。

教学支持说明

▶▶ 课件申请

尊敬的老师：

　　您好！感谢您选用清华大学出版社的教材！为更好地服务教学，我们为采用本书作为教材的老师提供教学辅助资源。该部分资源仅提供给授课教师使用，请您直接用手机扫描下方二维码完成认证及申请。

任课教师扫描二维码
可获取教学辅助资源

▶▶ 样书申请

　　为方便教师选用教材，我们为您提供免费赠送样书服务。授课教师扫描下方二维码即可获取清华大学出版社教材电子书目。在线填写个人信息，经审核认证后即可获取所选教材。我们会第一时间为您寄送样书。

任课教师扫描二维码
可获取教材电子书目

 清华大学出版社

E-mail: tupfuwu@163.com	网址：http://www.tup.com.cn/
电话：8610-83470332/83470142	传真：8610-83470107
地址：北京市海淀区双清路学研大厦B座509室	邮编：100084